I0153992

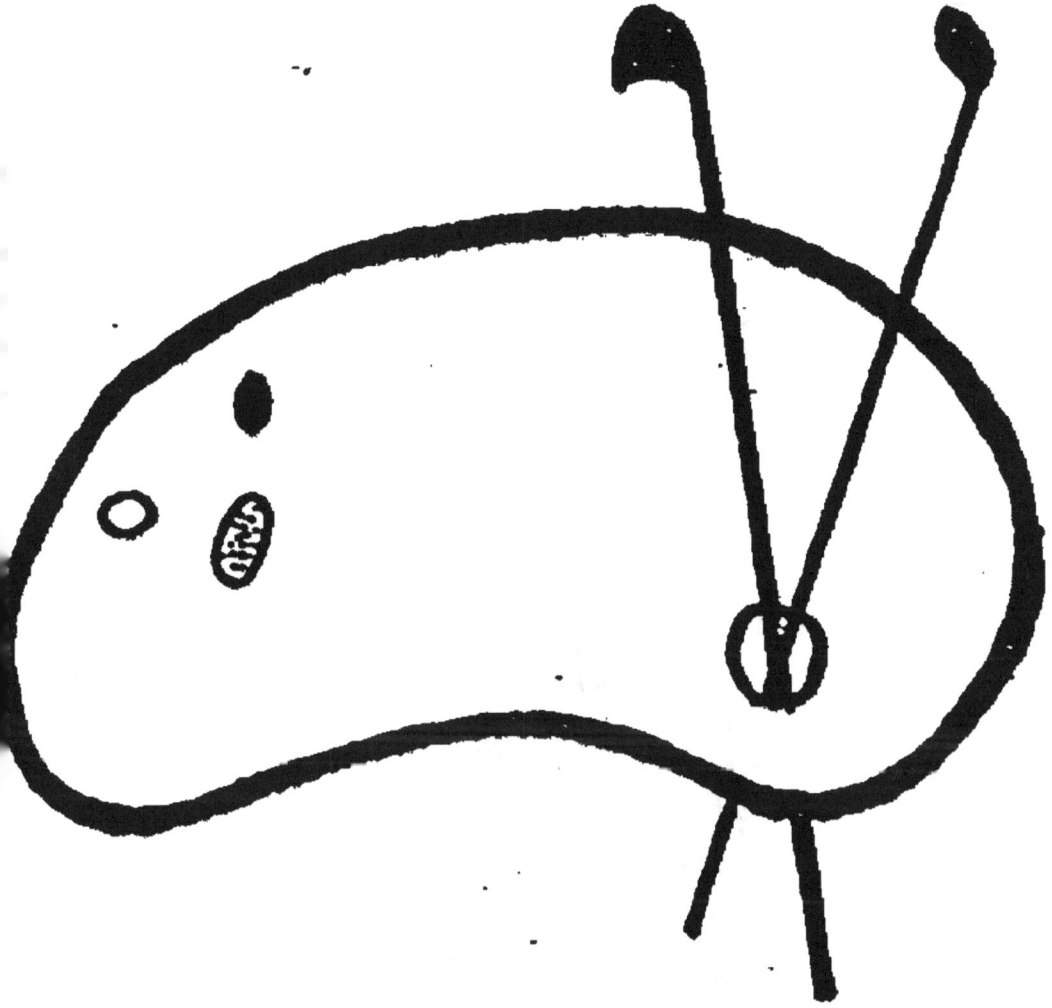

COUVERTURE SUPERIEURE ET INFERIEURE
EN COULEUR

HISTOIRE

DE L'ESCALE

PAR

J.-M. MAUREL

CURÉ DE PUYMOISSON

FORCALQUIER

ALBERT CREST, IMPRIMEUR DE L'ATHÉNÉE

ET DU FÉLIBRIGE DES ALPES

1893

OUVRAGES DU MÊME AUTEUR

Documents pour servir à l'étude du préhistorique et à l'histoire de la période *Gallo-Romaine*, dans les Alpes. 1.00

Monographie de Château-Arnoux, *épuisé*

Le Noël, aperçu historique, bibliographique et musical. 0.50

Monographie de Châteauneuf-val-Saint-Donat 2,00

Histoire de l'Escale. 2,00

EN PRÉPARATION

Histoire de Puymoisson et de sa commanderie.

HISTOIRE

DE

L'ESCALE

K 7

HISTOIRE

DE L'ESCALE

PAR

J.-M. MAUREL

CURÉ DE PUYMOISSON

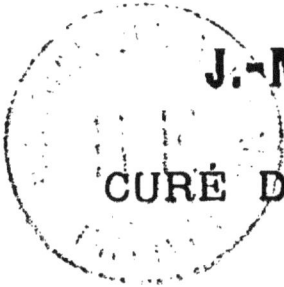

FORCALQUIER

ALBERT CREST, IMPRIMEUR DE L'ATHÉNÉE

ET DU FÉLIBRIGE DES ALPES

1893

HISTOIRE

DE

L'ESCALE

~~~~~~

CHAPITRE Ier

TOPOGRAPHIE DE L'ESCALE

L'Escale, du canton de Volonne, arrondissement de Sisteron, (Basses-Alpes), est un village assis au pied de la pente occidentale de la montagne du Rupt (1298ᵐ), sur la rive gauche de la Durance, à une faible distance de la rivière, et à une altitude de 584 mètres. (1)

Situé à 17 kilomètres de Sisteron, à 25 kil. de Digne et à 4 kil. de Volonne, il est traversé par le chemin de grande communication n° 4 de Vinon à Gap, et relié par deux chemins à la route nationale n° 85 de Lyon à Nice, qui longe la plaine dans toute son étendue.

Un pont suspendu, construit sur la Durance en 1832-1835, à 1200 mètres environ du village, et vulgairement appelé « Pont de Trébaste », favorise les communications avec les pays situés sur la rive droi-

(1) Ce chiffre est relevé sur la carte de la France dressée par ordre du Ministre de l'Intérieur, tirage de 1890 - feuille XXIV-32. Digne.

te, et facilite l'accès de la gare de Château-Arnoux. (1)

Le terroir de l'Escale est relativement très-étendu. D'après un tableau dressé en 1813, sa superficie est de 2036 hectares, 29 ares, 34 centiares, répartis comme il suit : terres labourables : 334 h. 05. 42 ; vignes terres : 163 h. 91. 97. vignes : 90 h. 61. 26. près : 16 h. 34. 48. oliviers : 7 h. 85. 79. bois : 231 h. 69. 26. vagues, bruyères, pâtures : 974 h. 46. 97. Le reste se répartit en graves, lits de torrents, propriétés bâties et objets non imposables.

Une belle plaine qui s'étend depuis le Bourguet jusqu'aux portes de Malijai, enclavée entre la Durance et la Bléone et arrosée dans sa plus grande étendue par le canal de Malijai et les eaux du vallon des Naïsses (2), constitue la principale partie du terroir livré à la culture. Le sol en est bon, fertile même en certains endroits et produit abondamment des fruits, des céréales et des légumes qui composent un des principaux revenus du pays. On y cultive avec succès l'amandier, la vigne et le mûrier. Quelques-uns des coteaux qui dominent la plaine vers le cou-

(1) La pose de la première pierre du pont fut faite par le préfet Cheminade, le 23 Avril 1832, du côté de l'Escale. Dans la cavité de la pierre formant l'angle intérieur (côté d'aval) de la deuxième assise du socle du portique de la rive gauche, on plaça une boîte en plomb contenant : 1° la plaque portant inscription ; 2° Une copie du procès-verbal ; 3° une pièce de 40 francs ; id. de 20 francs ; id. de 5 francs : id de 2 francs ; id. de 1 franc; id. de 0,25. Une deuxième pierre fut ramenée sur celle-la et scellée par des happes de fer. Rec. des act. admin. 1832.

(2) On appelait Naïsses l'endroit où l'on faisait rouir le chanvre ; rouir se disait autrefois naiser ; de là le droit de *naisage*, terme de coutume, signifiant le droit de faire rouir son chanvre dans un étang. On voit encore dans ce vallon plusieurs réservoirs ayant servi à cet usage.

chant et servent de contreforts à la montagne du Rupt, sont couverts d'oliviers et d'amandiers. Au dessus des coteaux livrés à la culture, la montagne, à essence de chênes et de hêtres, fournit abondamment du bois de chauffage, du charbon et de la litière pour les animaux ; mais l'exploitation en est rendue particulièrement difficile par le mauvais état des chemins.

Le terroir de l'Escale est borné : au nord, par celui de Volonne dont le sépare le torrent dit de Pierre-Taillée ; à l'ouest par la Durance dans toute sa longueur ; au midi par la Bléone jusqu'à un kilomètre environ du village de Malijai ; à l'est par les terroirs de Mirabeau et de Barras en suivant la crête de la montagne qui va de Malijai jusqu' à Piégut.

Au point de vue stratigraphique, le terrain de l'Escale peut être classé dans le miocène moyen et surtout le miocène supérieur. Voici d'après Killian, le relevé d'une coupe de terrain prise entre Volonne et l'Escale. Vers le n° 4 de la route, on voit de la mollasse argileuse, puis de la mollasse très-dure, caillouteuse, à *ostrea crassissima ;* plus loin, c'est de la mollasse argilo-sableuse et de la mollasse marneuse grise alternant avec des conglomérats. A l'endroit où la Durance vient toucher la route, on rencontre un gros banc de conglomérat à cailloux impressionnés de dix mètres d'épaisseur, séparés par des assises argilo-marneuses ; ces bancs de conglomérats se rencontrent fréquemment dans l'étendue du terroir et forment presque toute la colline du Rupt (1298 mètres d'altitude). Près du pont jeté sur le ravin, se trouve un banc de mollasse sableuse fine d'un gris cendré, d'une épaisseur de cinq mètres environ ; plus loin, enfin, ce sont des marnes grises schisteuses, des amas de mollasse d'un jaune rougeâtre, des conglomérats à galets impressionnés et cailloux d'Euphotides, présentant des parties lenticulaires de mollasse sableuse, des marnes bariolées, etc. etc.,.

Le climat de l'Escale est tempéré, mais les eaux potables, dépourvues de la quantité d'iode voulue, sont de qualité inférieure. C'est, dit-on, à cette mauvaise qualité des eaux, qu'il faut surtout attribuer la présence et le développement du goitre, un peu endémique dans ce pays. (1) Néanmoins, l'état sanitaire y est bon, et nous avons pu constater que les fléaux qui ravagèrent la Provence à diverses époques, et notamment en 1720, ne firent à l'Escale aucune victime. (2)

Le pays est composé de onze hameaux, assez

(1) Cette maladie, autrefois très répandue dans le pays, a presque totalement disparu aujourd'hui.

(2) En 1639, le lieu de l'Escale ayant été soupçonné de peste, Nosseigneurs de la cour du Parlement rendirent un arrêt le 14 janvier, en vertu duquel ordre fut donné « de reconnaistre et s'informer dudict soupçon. » A cet effet, Honoré Simon, médecin ordinaire du roi et Antoine Chaix, maître chirurgien et anatomiste royal en l'université de la ville d'Aix, viennent à l'Escale. « Estants arrivés audict lieu, aurions trouvé que les « prebstres étaient en chemin pour aller ensevellir une fille « agée d'environ dix ans, ce qui nous aurait obligé de faire « supercéder audict ensevelissement et faict despouiller le dict « corps pour le visiter, ce que nous aurions faict et l'ayant bien « visitté nous n'aurions treuvé aucune marque de peste ni « aultre malignité sur le dict corps ayant aprins par certitude « que ladicte filhe avait demuré malade plus de quinze jours « .... n'y a nullement aucun soubçon de peste etc., etc. » archiv. des B.-du-Rhône, série C. liasse 704. — En 1720, 31 décembre, Crudy, vicaire perpétuel, rend grâces à Dieu de ce que le pays a été, jusque là, préservé de la peste. En 1721, mêmes actions de grâces. En 1722, on enlève les barrières dont on entourait toujours le village en temps d'épidémie. Archiv. munic. passim.

mal bâtis et peu éloignés les uns des autres. Nous allons faire connaître leur nom et mentionner ce que chacun d'eux offre de particulier.

Le hameau des *Cléments*, est le plus important de tous, et pour ainsi dire le hameau chef-lieu. Son nom lui vient de l'importante famille Clément, qui, dès le quatorzième siècle, y possédait plusieurs maisons autour desquelles vinrent se grouper peu à peu d'autres habitations. Deux fontaines, dont l'une très-abondante, fournissent de l'eau aux habitants, qui sont chargés à l'exclusion des autres habitants de la commune, de pourvoir à l'entretien de ces deux fontaines (1) C'est la résidence du curé de la paroisse. A quelques pas du presbytère et au bord du chemin, on a construit en 1869 une élégante chapelle publique au moyen d'une souscription, et sur un terrain concédé gratuitement par feu M. Amayenc. Cette chapelle, dédiée à l'Immaculée Conception, a été livrée au culte le 10 avril 1870, et a reçu de notables embellissements en 1885. Au hameau des Cléments se rattachent : le hameau de *Morizi* où se trouve une fontaine qui ne coule qu'à certaines époques de l'année, et que les habitants nomment *La Marino*, probablement parcequ'elle a un débit plus considérable quand souffle le vent du midi, que nos cultivateurs appellent « *Lou marin* ». Le hameau de *Moriez* composé de trois ou quatre maisons habitées, et le hameau des *Fabres* touchant celui des Cléments.

Le hameau de l'*Hôte* tire son nom de la grande auberge seigneuriale où se percevaient les droits de leyde, passage et pulvérage, et où résidait, par con-

(1) Chaque hameau est chargé de l'entretien de sa fontaine.

séquent, *l'hôte* chargé de les percevoir au nom du
seigneur du lieu. Il est traversé dans toute sa longueur par le chemin de grande communication numéro 4, autrefois chemin royal, et possède une fontaine et un puits public situé dans un enclos et près
d'une maison qu'on appelle les Récollets. C'est à ce
hameau et non loin du chemin actuel que se trouvait
autrefois le monastère de Mandanois dont nous parlerons plus loin (1). C'est là aussi que se trouvent
l'église paroissiale (2), le cimetière qui n'en est séparé
que par le chemin de ronde, et l'antique chapelle dite
de Sainte-Consorce qui naguère servait encore de
lieu de réunion à la confrérie des pénitents.

Le hameau des *Chemins*, ainsi nommé parce que
plusieurs chemins se joignent à cet endroit, compte
à peine huit ou neuf habitants et n'offre rien de
remarquable.

Le hameau des *Avrils*, tout rapproché du hameau
des chemins, tire son nom de la famille Avril qui
autrefois l'occupait tout entier ; on y compte à peine
huit ou neuf maisons habitées.

Le hameau de *Francoul*, composé de deux ou
trois maisons seulement, présente la même origine
de dénomination.

La *Pause*. Ce hameau, un peu écarté des autres,
placé au pied d'une butte envisageant le Midi, sur le
chemin de Coulayes, paraît avoir été plus populeux

---

(1) Le 1er avril 1073, Isnard et son épouse donnent à l'abbaye
de Saint-Victor « *terra in cimiterio sancte marie mandanoicus,
et de alio latus ecclesia sancte marie, alio latus via puplica,
alio latus terra de Alfant etc., etc.* » Cartul. de St-Victor. ch. 708

(2) Cette église, détruite par les calvinistes fut reconstruite
une 1re fois en 1610, et une 2e fois en 1851.

autrefois qu'il ne l'est aujourd'hui, à en juger par le nombre relativement important de maisons qu'on y trouve ; trois seulement sont habitées ; les autres ne sont plus que des ruines. Il tire son nom de la *pause* ou halte qu'y fait la procession en venant de Coulayes, ou du repas qu'on devait y prendre, le premier dimanche de mai, après avoir parcouru processionnellement une partie du territoire, avant de monter à Besaudun.(1)

Le hameau des *Girauds*, est un peu isolé et séparé de celui de la Pause par le vallon des Graves, si redoutable en temps d'orage. L'origine de dénomination se devine. Sa situation au pied de la montagne de la Coste, qui de là, s'étend jusqu'à Malijai ; son exposition au soleil couchant en rendraient le séjour agréable, n'était que les conditions de salubrité sont moins favorables là qu'ailleurs, à en juger par le plus grand nombre de goitreux et de crétins qu'on y rencontrait jadis.

Le hameau de *Coulayès*, à deux kilomètres environ du hameau des Cléments, en remontant le vallon des Graves (rive droite). Il est assis au milieu d'un fouillis de petites collines et bien abrité contre le vent du nord, ce qui en rend la température plus égale. Le sol des nombreux petits monticules qui s'y heurtent en tout sens est exclusivement argileux et sujet à s'affaisser ou à couler en temps de pluie, comme on dit vulgairement ; particularité qui nous paraît indiquer l'étymologie de Coulayès (2). Ce hameau pos-

_____

(1) La procession du premier dimanche de mai, dite *procession du grand tour*, suivait un itinéraire très étendu et durait presque toute la journée. Arch. munic.

(2) Nous avions cru un moment que l'étymologie de Coulayès

sède une chapelle dédiée à Sainte Anne, où l'on va processionnellement le dimanche qui suit le 26 juillet.

Le hameau de *Vière*, (ville) (dont l'étymologie se comprend aisément) placé sur un mamelon de 738 mètres d'altitude, à 1.500 mètres environ du hameau chef-lieu, était autrefois le *castrum* proprement dit qui portait le nom de l'Escale. Ce castrum ne dut jamais être bien considérable ; mais sa situation sur un côteau escarpé dominant au loin la plaine et commandant le chemin royal et le passage de la Durance, lui donnait une certaine importance stratégique. Bien que déja le village fut ceint de murs avec créneaux, le comte de Carces le fit fortifier davantage en 1568, dans le but de garder la rive gauche de la Durance, et de s'emparer de la Baume, faubourg de Sisteron. On voit encore aujourd'hui, à fleur de terre, les restes de cet avant-mur et de ces fortifications qui faisaient de l'Escale une place si importante, nous dit Louvet (2) « que toute la province était réduite sous le service « du roy hormis Seyne et *l'Escale* qui était de dif-« ficile situation ».

L'ancien château féodal, qui fut pris et ruiné par les religionnaires en 1567, était situé au sommet de la colline et à l'extrémité du village qu'il dominait tout entier. Voici ce que nous relevons au sujet du

était « collis aïas » et que c'était là qu'il fallait placer le *defensum sire Boscum quod vocatur aïas*, dont il est parlé dans la charte de donation de Pierre de Volonne, 1064, 16 mars. Nous avons appris depuis, que tout le revers de la colline qui supporte le hameau de Vière s'appelle l'hubac des aïes. (tradit. pop.). C'est donc là, selon nous, et non à Coulayès qu'il conviendrait de placer le « Boscum quod vocatur aïas » mentionné dans la charte 703 du cartulaire de Saint Victor.

(2) Louvet. Histoire des troubles de Provence. T. 1. 287.

château, dans un document précieux du 19 mars 1544.

« .... en signe de haulte, basse et moyenne juridic-
« tion, tient ledict deffandeur au dict lieu de l'Escalle
« une maison ou il habite, dict et appellé le chateau
« autrement la forteresse ou la court, (1) non point
« simplement maison comme l'on appelle les maisons
« des aultres que n'ont eus semblable jurisdiction....
« en signe de demostration de ce que dict est dessus,
« et de haulte jurisdiction ledit chateau et fortaresse
« est pausé et situé au plus hault et eslevé lieu de
« ladicte ville dudit Escalle, joinct avec les murailhes
« d'icelle ville et lieu.... ledict chateau et fortaresse
« est au dehors de ladicte ville, ayant une porte
« pour pouvoir entrer dudit chateau et fortaresse
« dans ladicte ville sans sourtir, sans passer par aul-
« tres portes ordinères quant bon luy semble, avec
« une aultre porte au dehors de ladicte ville pour
« entrer audit chateau et en sortir samblablement....
« que ledict lieu et ville de Lescalle est fermé et cloz
« de muraille tout autour avecques cryneaulx au des-
« sus comme est aussi ledit chateau et fortaresse que a
« samblablement crynaulx tout autour, plus haultz
« toutes fois et plus esleves beaucoup que ceux de
« ladite ville, tenant aussi ledict chateau une tour au
« dedans de fortaresse ayant troys portes, l'une au
« dessus de l'autre auxquelles l'on ne peult monter
« sans eschelles en signe de haulte juridiction et
« supéryorité etc., etc. (2) ». Il ne reste plus de cette

(1) En Picardie et en Bassigny on appelait *court*, le château
du seigneur ; de là vient que la plupart des noms des villages
dans ces régions, se terminent en *court*.

(2) Arch. des B. du Rhône, série B. N° 1288. Défense devant
les commissaires de la réunion au domaine etc. passim.

forteresse féodale que quelques ruines à fleur de terre qui servent à en désigner l'emplacement.

Après la destruction du château, une maison seigneuriale fut construite un peu au dessous, vers le midi, et au milieu d'autres habitations. Ce qui en reste encore ne révèle rien de féodal ni dans la structure ni dans la disposition.

Une chapelle fort exiguë et très-basse, située à côté de l'ancien château et avoisinant le cimetière, servait autrefois d'église paroissiale aux habitants de Ville, qui n'ont jamais dû être bien nombreux.

Une source à faible débit, naissant sur le flanc occidental du mamelon, fournit à peine l'eau nécessaire aux rares habitants de ce hameau abandonné.

Nous ne terminerons point ce chapitre sans essayer de donner l'étymologie de l'Escale. Quelle est la raison qui a fait appliquer à ce pays le nom d'Escale? Divers historiens et géographes croient la trouver, soit dans la disposition particulière des collines qu'on y rencontre, soit dans les sinuosités du chemin qui conduit à Vière. En effet, Achard nous dit : « que le « pays est coupé par des collines qui forment une « espèce d'amphithéâtre, d'où lui vient son nom d'Es- « cale, en patois Escaro (échelle). » (1) Feraud donne de cette dénomination une raison à peu près semblable : « l'ancien chef-lieu, dit-il, était le hameau de « Vière placé sur une hauteur de forme conique et « où l'on ne parvient que par un sentier tracé en « zig-zags et formant une sorte d'échelle; c'est là « proprement ce qui a valu à cette commune le nom

(1) Achard. Descript. hist. géograp. et topograph. de la Provence. p. 521.

« de l'Escale » (1).

Ces deux explications sont vraisemblables l'une et l'autre ; le pays est en effet coupé par quelques collines ; le hameau de Vière est élevé et on y arrive par un chemin un peu rampant et faisant quelques détours. Ce sont là, néanmoins, et on en conviendra sans peine, des particularités assez communes à nos anciens villages de Provence, perchés pour la plupart sur des sommets parfois bien escarpés et où l'on ne peut arriver que par des chemins accidentés et sinueux. A notre humble avis, le nom d'Escale aurait bien pu être donné à ce pays parce que c'était un lieu de relâche ou de mouillage où les bateaux qui descendaient d'Embrun à Pertuis sur la Durance, faisaient ordinairement *escale* pour passer la nuit (2). On n'ignore pas, en effet, que la Durance autrefois, était navigable ; que de bonne heure, les Grecs de Marseille, ayant fondé une colonie à Avignon, remontaient le Rhône et la Durance dans les barques des utriculaires pour opérer des ventes et des échanges avec les peuplades celtiques qui habitaient les bords des rivières (3). Elie Reclus, Calvet et d'autres nous disent qu'au moyen-âge, Pertuis et Cavaillon possédaient un port sur la Durance (4). D'après ces données et eu égard à la situation des lieux, nous inclinerions volontiers à

---

(1) Hist. et géog. des B. Alpes, 3e édit. 1890, p. 411.

(2) La navigation sur la Durance n'étant autorisée que du lever au coucher du soleil, il fallait relâcher le soir, et l'Escale était bien un port intermédiaire entre Embrun et Pertuis.

(3) Ainsi s'explique la présence, au Bourguet, (Escale) des oboles massaliotes et des deniers consulaires que nous y avons trouvés.

(4) Voir l'intéressante " Etude sur la Durance " par Louis Pelloux. Forcalq. 1877.

croire que le nom d'Escale fut donné à ce pays parce qu'il dut servir autrefois de lieu de relâche et d'abordage aux nombreux bâteaux qui sillonnaient la Durance.

L'Escale possède une belle église paroissiale construite en 1854 sur l'emplacement de l'ancienne église ; deux écoles réunies en un groupe scolaire bâti en l'année 1876 à égale distance des deux principaux hameaux. Ce village est desservi par le bureau de poste de Château-Arnoux et dépend, au point de vue militaire, de la gendarmerie de Volonne.

L'Escale porte : de gueules à une tour carrée d'argent, mouvante du flanc dextre, sur laquelle est arboré un étendard d'or et une échelle d'argent appliquée contre la tour. (1)

(1) Les meubles du blason indiquent qu'on s'est inspiré, en le composant, de la disposition particulière de cette tour à trois portes où l'on ne parvenait qu'au moyen d'une échelle. (voir la citation donnée plus haut). On peut se demander si cette tour ou forteresse existait déjà en l'an 1060 et si c'est elle qui a fait donner au castrum le nom de *Scala* ; ou bien si c'est le nom du pays qui a fait entrer une échelle dans la composition de ses armoiries....

CHAPITRE II

ORIGINES DE L'ESCALE

La terre de l'Escale paraît avoir été habitée dans les temps les plus reculés. Sa situation sur les bords d'une rivière autrefois navigable, au pied de montagnes couvertes de bois, dans un terrain fertile et sous un climat tempéré, nous en donne une probabilité que les découvertes faites récemment au Bourguet, grâce aux affouillements des eaux de la Durance, convertissent en certitude. Sans reproduire ici en détail l'énumération des divers et nombreux objets qui composent notre découverte archéologique, énumération que nous avons faite tout au long dans une brochure spéciale à laquelle nous renvoyons le lecteur (1), nous nous bornerons à puiser dans ce modeste travail les preuves que nous jugerons de nature à appuyer notre thèse et à projeter quelque rayon de lumière sur l'histoire de ces âges reculés.

§ I. Epoque préhistorique

Il existait à l'Escale, au quartier connu aujour-

(1) Documents pour servir à l'étude du préhistorique et à l'histoire de la période Gallo-Romaine dans les Alpes — Forcalquier - Imp. Martin — 1889.

2

d'hui sous le nom de Bourguet, une station préhistorique. La multitude d'objets et d'instruments particuliers à cette époque, que nous y avons découvert, nous permet d'énoncer cette assertion et nous fournit le moyen d'en faire la preuve.

Grâce à plusieurs éboulements partiels des bords de la Durance (rive gauche) survenus à la suite de grandes pluies et de crues considérables de la rivière, nous avons pu recueillir dans un périmètre assez restreint plusieurs morceaux de silex craquelés au feu (âge de la pierre éclatée) ; des silex grossièrement taillés par éclats, tels que racloirs au tranchant très-vif, correspondant à l'époque mégalithique ou âge de la pierre taillée. Nous avons également pu recueillir un certain nombre de haches et herminettes, toutes polies par le frottement et présentant la trace indéniable d'un travail intentionnel. Les unes sont en roche dioritique (1), les autres en roche serpentineuse et paraissent se rapporter à la période néolithique ou âge de la pierre polie. Ces divers instruments, de forme quadrilatérale ou triangulaire et de dimensions différentes, sont bien conservés et possèdent un tranchant assez vif. Recouverts sur certaines faces d'une concrétion calcaire, ils n'ont pas les angles émoussés, ce qui permet d'affirmer qu'ils n'ont pas été charriés par la rivière et qu'ils sont originaires du lieu où nous les avons trouvés. Non loin des haches, nous avons recueilli plusieurs polissoirs en diorite et en serpentine, de forme conique. La surface de frottement, parfaitement apparente, révèle l'usage de ces objets et ne laisse aucun doute sur leur destination.

(1) Et non pas en roche *diurétique* comme l'a écrit M. Feraud, page 442, ligne 12 de son hist. et géog. des B.-Alpes, 3e édit. 1890.

Mentionnons également une quinzaine de poinçons
en os (1) à tête grossièrement arrondie, d'une longueur variant entre cinquante et quatre-vingt-trois
millimètres, dont la plupart ont été détachés par nous
de la berge où ils étaient encore adhérents et ne se
montraient que par une extrémité. Quelques-uns sont
arrondis dans toute leur longueur ; d'autres, au contraire, sont aplatis sur le milieu et ont la tête d'un
volume inférieur au reste du corps, ce qui permettrait
d'y reconnaître un spécimen de ces aiguilles à tête
dont parle Mortillet, qui portaient à une extrémité le
petit évidement nécessaire pour attacher et retenir
le fil. Ces poinçons et ces aiguilles ont la pointe en-
dommagée, et on comprend qu'on a du, à plusieurs
reprises, la refaire par le frottement.

Enfin, et toujours au même endroit, il a été trouvé
un tronçon de corne de renne, recourbé vers sa partie supérieure, mesurant 34 centimètres de longueur
sur 45 millimètres de diamètre, affectant la forme de
ce que Edouard Lartet et d'autres savants avec lui
désignent sous le nom de « bâton de commandement »
dans les temps préhistoriques. La similitude que
nous avons constatée en comparant cet objet avec les
types similaires reproduits dans les ouvrages de Mé-
nard, de Cleuziou, de Mortillet, de John Lubbock,
ne nous laisse aucun doute à cet égard. La seule
différence consisterait en ce que le spécimen en
question, qui a, du reste, conservé son aspect naturel,
ne porte pas la trace des trous circulaires plus ou
moins nombreux qui, d'après Louis Figuier, servaient
à désigner le degré d'autorité du chef qui le portait (2).

(1) et non pas en *or*, ainsi que nous le fait dire Feraud. loc. cit'
(2) *L'homme primitif*, par Louis Figuier.

D'autres objets révélant la même époque reculée y ont été également recueillis ; les décrire en détail, nous exposerait à donner trop d'étendue à cet article ; nous nous bornons à conclure que l'existence au Bourguet de ces nombreux objets remontant tous à une époque fort reculée, atteste la présence d'habitants à cet endroit à l'époque préhistorique. L'hypothèse d'un déplacement ou d'un charriage dû au courant de la rivière ne saurait être admise, car : 1° ces objets n'étant pas, en général, de la nature de ceux qui flottent à la surface de l'eau, mais de ceux que leur pesanteur fixe au fond du lit d'une rivière, c'est au fond du lit que nous aurions dû les découvrir, tandis qu'ils ont été recueillis sur les bords, à plusieurs mètres de l'eau, et enveloppés d'une épaisse couche de terre jaunâtre de la même nature que la terre du talus d'où ils s'étaient détachés ; 2° aucun d'eux ne porte le polissage et les écornures que le charriage de la rivière donne toujours aux objets qu'elle apporte de loin ; 3° comme dernier caractère d'authenticité, nous dirons que la plupart de ces objets ; notamment les poinçons en os, les poteries, etc., etc., ont été détachés par nous du flanc de la berge où ils étaient encore plus qu'à demi enfoncés et à une hauteur de trois ou quatre mètres au dessus du niveau de la rivière. L'hypothèse du charriage ne peut donc expliquer la présence des objets ci-dessus décrits, et la conclusion qui s'impose est qu'ils sont bien originaires du lieu où nos explorations nous les ont fait découvrir. Dès lors, il demeure établi qu'il y avait des habitants à l'Escale, à l'époque préhistorique.

§ II. Epoque celtique

A ces habitants primitifs, succédèrent les Ligures (grande fraction de la nation Ibérienne) qui, à une époque indéterminée mais fort lointaine, vinrent dans nos pays.

Avant l'arrivée des Romains, le pays de l'Escale paraît avoir fait partie de la confédération des Albices, séparée en cet endroit par la Durance, de la puissante confédération des Voconces, également tribu ligurienne, et appartenant toutes deux à la race Ibérienne. En effet, la confédération des Albices, dont Riez était la capitale, se composait de huit cantons ou peuplades parmi lesquelles on comptait les Blédonticiens et les Avanticiens, peuplades limitrophes, dont la capitale commune était Digne, au dire de Pline (1). Or, les Blédonticiens occupaient le pays situé sur les rives de la Bléone jusqu'à son confluent dans la Durance ; les Avanticiens, qui paraissent avoir tiré leur dénomination du Vanson, occupaient la rive droite de la Durance depuis la Bléone jusque sur les limites du canton de Turriers. Ce sont donc les Avanticiens qui occupaient l'Escale lorsque les Romains ayant franchi les Alpes, soumirent cette partie de la Gaule, et firent du pays compris entre le Rhône et les Alpes une province romaine (2). Mais, dès avant l'occupation romaine, les habitants de l'Escale (Bourguet) avaient des relations commerciales avec la colonie Phocéenne établie à Marseille. La preuve

(1) Avanticos atque Bodionticos quorum oppidum Dinia. Pline lib. III. c. 4.

(2) Il nous paraît difficile d'admettre que les Avanticiens dont

nous en est fournie par de beaux fragments de poterie Samienne, une ou deux statuettes révélant le
style grec, et plusieurs oboles massaliotes au type
d'Appollon et de Diane, les premières, croit-on,
qui aient été frappées à Marseille.

§ III. Période Gallo-Romaine

Les monuments de l'époque Gallo-Romaine sont
bien autrement nombreux, et ne laissent subsister
aucun doute sur l'existence, en ce lieu, d'un *Vicus*
ou *bourg* dont le nom se traduisait déjà en l'an 1180
par celui de Bourguet (1). C'est là, en effet, que
nous avons pu voir ou recueillir des *ollæ* en grès
de dimensions différentes, des quantités considérables de *tegulæ* dont quelques-unes entières, de
nombreux fragments de poterie sigillée représentant
des chasses décoratives, des *dolium* de vaste dimension, des perles, un magnifique camée en onyx,

il est ici question, doivent être placés dans la vallée d'Avançon, au dessus de Gap. Outre qu'on ne comprend pas que
la puissante confédération des Caturiges fut ainsi resserrée de
ce côté par une peuplade qui serait venue jusqu'aux portes
de sa capitale (Chorges), on ne parviendrait pas à expliquer
comment les Blédonticiens et les Avanticiers que Pline
nomme ensemble comme peuplades rapprochées, et auxquels
il donne un chef-lieu commun, fussent si éloignés les uns
des autres ; et nous disons avec Gassendi : « Si ces peuples
« (ceux de la vallée d'Avançon) furent les Avanticiens, comment
« supposer que, placés au-delà de la Durance, bien loin de
« Digne, ils aient eu cette ville pour capitale ? » Gassendi :
not. eccl. Din. p. 10.

(1) Dans la Charte 870 du cartulaire de Saint-Victor, de
de l'année 1180, indiction XIII, il est question du Bourguet :
...*ecclesiam Scale cum omnibus pertinenciis... tam de Burguelo
quam de castro.... monachis massiliensibus assignavimus. etc.*

des charnières en os, quantité de plomb fondu, des
clous de toute dimension, des séries de poids, des
épingles à cheveux et à chas, des hameçons, plusieurs fibules et fragments de fibules de types différents, une ascia, des lames de coutelas à gaîne avec
des fragments de garniture et bouterolle, des pha-
lères, des disques en bronze, plusieurs notables
fragments d'ampoules lacrymatoires dénotant bien
le caractère Gallo-romain et divers autres objets dont
on trouvera la nomenclature et la description dans
la brochure déjà citée. La découverte de plusieurs
statuettes en bronze, fort remarquables, entr'autres
une Minerve, un Cupidon, un Mars, un Faune, un
Camille, trouvées au même endroit, vient corroborer
singulièrement notre assertion. Mais, ce qui lui
donne, à notre avis, un caractère incontestable d'é-
vidence, c'est la magnifique collection de monnaies
grecques et romaines, que notre intelligent ami Monsieur Th. Sauvaire, a pu recueillir au prix de mi-
nutieuses et persévérantes recherches, et qui, depuis
l'obole massaliote jusqu'à Gratien, embrasse une
période de huit siècles environ. Nous n'entrepren-
drons pas la description de toutes ces pièces au
nombre de 150 ; mais nous ne pouvons nous dispenser de citer au moins celles qui nous paraissent
dignes de fixer l'attention.

OBOLES MASSALIOTES, types d'Apollon et de Diane,
deux.

BRONZE D'ANTIBES, un.

LUCRETIUS TRIO, (78 ans avant J.-C.) un denier
consulaire, argent.

CAIUS CASSIUS, (famille Cassia) 42 ans avant J.-C.,
argent.

AUGUSTE — AUGUSTE ET AGRIPPA, col, nem., deux.

CLAUDE Ier, (41-54) un.

VESPASIEN, (69-79) un.

DOMITIEN, (81-96) deux.

JULIE, fille de Titus (79-81) une.

ADRIEN, (117-138) six.

ÆLIUS, (135-138) deux.

ANTONIN, *le pieux*, (138-161) quatre.

FAUSTINE, mère, femme d'Antonin, deux.

MARC-AURÈLE, (161-180) huit.

FAUSTINE jeune, femme de Marc-Aurèle, deux.

COMMODE, (180-192) quatre.

CRISPINE, une.

SEPTIME-SÉVÈRE, (193-211) trois.

JULIA DOMNA, femme de Septime-Sévère, une.

CARACALLA, (211-217) un.

PLAUTILLE, femme de Caracalla une.

ELAGABALE (218-222) un.

ALEXANDRE-SÉVÈRE, (231-235) trois.

JULIA MAMŒA, mère d'Alexandre-Sévère, une.

MAXIMIN, (235-238) un

GORDIEN III, dit *le pieux*, (238-244) quatre.

PHILIPPE, père, (244-249) un.

TRAJAN-DÈCE (249-251) un.

VALÉRIEN (254-260) un en argent.

GALIEN, (260-268) huit, dont deux médailles saucées.

VICTORIN, (265-267) un.

POSTUME, (258-267) un.

TETRICUS, (267-272) trois.

CLAUDE II, (268-270) dix.

AURÉLIEN, (270-275) un.

MAXIMIEN-HERCULE, (290-310) un.

MAXENCE, (306-312) un.

CONSTANTIN-LE-GRAND, (306-337) cinq.

VILLE DE CONSTANTINOPLE, une.

VILLE DE ROME, une.

CRISPUS, (317-326) deux.

CONSTANT, (335-350) un.

CONSTANCE II, (335-361) sept.

CONSTANTIN II, (335-340) un.

MAGNENCE, (350-353) un.

VALENTINIEN, Ier, (364-375) deux.

GRATIEN, (375-383) un.

En outre, nous possédons encore plus de quarante autres pièces recueillies au Bourguet. Elles sont en général trop frustes pour que nous ayions pu les déterminer et les classer ; aucune d'elles ne nous a paru accuser une époque postérieure à celle où vivait Gratien.

Ce nombre relativement considérable de monnaies, recueillies en peu de temps et dans un périmètre assez restreint, nous donne lieu de croire qu'un nombre bien plus considérable a du être enfoui sous le gravier ou emporté par la rivière aux jours de crue, depuis que les eaux torrentueuses de la Durance ont commencé à creuser le terrain à cet endroit

Il est à peine nécessaire d'ajouter que ces diverses pièces n'ont pas été trouvées le même jour ni réunies ensemble, mais bien séparément et avec beaucoup de peine, éparpillées dans un périmètre de deux cent cinquante mètres environ, tantôt enfoncées dans la berge d'où il fallait les extraire, tantôt répandues au pied du talus mêlées à un tas de terre, d'éboulis et de cailloux qui ne facilitaient pas les recherches.

Si nous ajoutons qu'on a trouvé au même endroit plusieurs fûts de colonne et quelques chapiteaux, des inscriptions déposées au musée des Basses-Alpes, d'énormes pierres de construction, de nombreux fragments de marbre et de mosaïque, etc., etc ; qu'on y voit encore des restes considérables de constructions diverses, d'épaisseur variable, sortant de la berge à distances inégales et dans une direction telle qu'on ne peut raisonnablement les prendre pour des restes de digues ou de murs de soutènement, nous aurons prouvé d'une manière assez claire qu'il y avait au Bourguet un centre d'habitation relativement considérable à l'époque de la domination romaine.

Le fait de l'existence d'un *vicus* une fois établi, plusieurs questions se présentent naturellement à l'esprit.

Combien de temps exista ce vicus ? L'absence totale de monuments postérieurs aux temps où vivait Gratien, nous porterait à supposer que sa destruction a du coïncider presque avec le démembrement et la chute de l'Empire d'Occident, époque de destruction et de ruine où cet empire se vit assailli simultanément et en tous sens par les Vandales, les Suèves, les Alains, les Wisigoths, les Burgondes, les Francs, etc. D'autre part, les nombreux objets recueillis, se trouvant mêlés ensemble, brisés pour la plupart et confondus avec des quantités de machefer, de plomb, de fer fondu, sembleraient autoriser la supposition que ce *vicus* a du disparaître pendant une période de destruction dont nous ignorons le genre et dont la date coïnciderait avec celle de la cessation de la domination romaine en Gaule ; mais ceci est une opinion personnelle que nous donnons sous toute réserve.

·Comment s'appelait ce *vicus* ? Ni la table Théodosienne ou de Peutinger analysée et commentée par M. Desjardins, ni l'itinéraire d'Antonin ne font mention de ce bourg et n'en donnent le nom ; sans doute parceque ce bourg n'était pas situé sur une voie militaire, mais seulement sur un chemin de communication, prolongement de la *via salinaria* ou *salinia* qui, partant de Castellane, se dirigeait de Digne vers Sisteron en suivant la rive gauche de la Durance.

Nous nous sommes demandé si ce n'est pas ici qu'il conviendrait de placer le *Matho vicus* dont il est question dans les acta sanctorum 41. p. 666. Nous y lisons que Sainte-Consorce, après la mort du sénateur Eucher, Evêque de Lyon, son père, vers l'an 450, se retira dans son domaine de Mathon vicus placé sur les bords de la Durance, *ad ripam druentie*, où elle fit bâtir une chapelle et fonda un hospice. Le texte ne contredit pas notre opinion, le Bourguet étant situé sur la rive gauche de la Durance. Une tradition et un monument très-antiques viennent la corroborer. On a toujours cru dans le pays que Sainte Consorce avait fini ses jours à l'Escale ; de temps immémorial, on y célèbre la fête patronale de Sainte Consorce ; dès le onzième siècle et peut-être même auparavant, il existait à l'Escale une chapelle dédiée à cette Sainte, chapelle qui fut donnée conjointement avec l'église de Sainte Marie par Pierre de Volonne seigneur du lieu à l'abbé et aux moines de Saint-Victor de Marseille le 16 mars 1064. .... *ecclesias scilicet Sancte Marie et*

Sancte Consortie que fundate sunt in loco quem nominant mandanuis (1).

D'autre part les auteurs qui ont essayé de déterminer l'emplacement de Mathon vicus, ne nous paraissent pas fournir des preuves bien solides en faveur de leur opinion. Le père Ghesquière, bollandiste placerait Mathon vicus à Saint-Etienne-les-Orgues et à l'Hospitalet, voyant sans doute dans Saint-Etienne la chapelle que Sainte Consorce fit bâtir en l'honneur de ce Saint, et le nom d'Hospitalet, évoquant probablement en son esprit le souvenir de l'hospice construit par cette même Sainte. Mais ni l'un ni l'autre de ces deux pays, assez éloignés de la Durance, et peu rapprochés l'un de l'autre, ne remonte à une si haute antiquité. L'Hospitalet, qui s'appelait *Castrum de Hospitalariis* tirait son nom des religieux hospitaliers qui l'occupaient et qui y avaient fondé un couvent très-important. Le village de Saint-Etienne remonte à peine au xiᵉ siècle. Ce fut à cette époque, en effet, qu'une pieuse famille du nom de Calcia, fit construire dans une des ses terres située au pied de la montagne de Lure une chapelle en l'honneur de Saint-Etienne, qu'elle donna à l'abbaye de Saint-Victor. Un hameau dépendant d'*Alsonicis* (on nommait ainsi le fief contenant le territoire actuel de Saint-Etienne) ne tarda pas à se former auprès de cette chapelle (2).

Le père Columbi le place à Montaigut, quartier de Fourmiguier, terroir de Manosque, sans donner

(1) Arch. des B.-du-Rhône. Fonds inéd. liasse H. 10. Cette chapelle existe encore aujourd'hui.

(2) Vid. L. Pelloux. Not. géog. et hist. passim, et cart. de S.-Victor numéro 683.

d'autre raison que l'existence en ce lieu, d'une chapelle dédiée à Saint-Etienne. Bien que le voisinage
de Sainte-Tulle et de Beaumont paraisse donner
quelque probabilité à cette assertion, elle ne nous
parait pas suffisamment fondée pour mériter notre
adhésion.

D'autres enfin, croient pouvoir placer Mathon vicus
à Mandelieu, à quelques kilomètres de Cannes, iden-
tifiant Matho vicus avec Mandolocus. Mais qui ne
voit que ce ne sont pas là deux variantes mais deux
mots différents ? Quand à la tradition locale sur
laquelle s'appuient les partisans de cette opinion, elle
est loin d'être si bien établie quon veut le dire ; Elle
se réduit au souvenir d'un hospice qui appartenait
au chapitre de Grasse avant la révolution. Le nom
de Sainte Consorce n'est attaché à aucun monument,
à aucun quartier, et des suppositions gratuites lui
attribuent seules la fondation de cette maison de
charité (1). Si donc l'Escale ou le Bourguet est bien
le lieu où a vécu, où est morte Sainte Consorce,
nous ne serions pas éloigné de croire que notre
Bourguet, soit qu'il eût été détruit en totalité ou en
partie à l'époque de la cessation de la domination
romaine, soit qu'il eût survécu aux destructions de
cette époque, ou qu'il eut été transféré plus loin,
au quartier de Mandanois devait porter le nom de
Mathon vicus.

Bien qu'il n'entre pas dans notre dessein d'écrire
la biographie de Sainte Consorce, l'honneur de ce
travail devant revenir à M. Andrieu qui prépare en
ce moment avec tout le talent qu'on lui connait, une

(1) Mathon vicus par A. Andrieu.

vie détaillée des Saints du diocèse de Digne ; nous ne pouvons nous dispenser de faire connaître en quelques mots, la vie du Saint personnage qui jette un jour si sympathique et si intéressant sur le pays dont nous écrivons l'histoire.

Les Romains en venant dans ce pays, avaient dû y apporter sinon y trouver le culte des divinités païennes ; les statuettes découvertes en font foi. Il est à supposer que, vu la proximité de Digne, et grâce aux communications qu'ils avaient avec cette ville, leur capitale, les blédonticiens de l'Escale durent embrasser de bonne heure la religion Chrétienne, peu après que Vincent et Domnin eurent répandu dans nos pays la lumière évangélique, (350), C'est donc peu après l'établissement du christianisme que Sainte Consorce vint se fixer à l'Escale. Elle était la fille aînée du sénateur Eucher, mort évêque de Lyon vers 450, selon l'opinion la plus communément admise aujourd'hui. Prévenue de bonne heure des grâces du ciel elle refusa les plus nobles alliances, et, après la mort de Galla, sa mère, elle se retira dans son domaine de Mathon vicus, y fit construire une église en l'honneur de Saint Étienne premier martyr et une hôtellerie. Elle distribua le reste de sa fortune aux pauvres, affranchit tous ses serviteurs, et vécut dans la pratique de toutes les vertus chrétiennes. Ayant reçu de Dieu l'annonce de sa fin prochaine, elle distribua aux pauvres le peu qui lui restait et, au jour indiqué, elle quitta la terre. Suivant la recommandation qu'elle avait faite, son corps fut enseveli dans la chapelle de Saint-Étienne qu'elle avait fait construire (1). Pendant combien de temps conser-

(1) Tiré de Mabillon et de Chifflet.

va-t-on à l'Escale le corps de la sainte? Il est difficile de le savoir. Ce qu'il y a de certain, c'est que la célèbre abbaye de Cluny fêtait la translation des reliques d'une sainte de ce nom le 3 des ides de mars. Il est probable que pendant les troubles qui suivirent les invasions des Lombards, des Saxons, des Hongrois ou des Sarrasins, époque où les évêques avaient hâte de soustraire les reliques des saints à la profanation, des religieux auront caché soigneusement ces restes précieux pour les transporter plus tard dans l'abbaye de Cluny.

CHAPITRE III.

HISTOIRE FÉODALE.

§ I. Pierre de Volone

Les terribles invasions qui bouleversèrent nos pays et se succédèrent à de courts intervalles jusqu'à l'époque de l'expulsion définitive des Sarrasins en 970, ne nous ont laissé aucun souvenir local (1). C'est sans doute pendant une de ces invasions que les habitants du Bourguet et de Mandanois désertant la plaine où ils n'étaient plus en sûreté, se transportèrent sur le coteau de Vière, lieu admirablement propre à la défense, et fondèrent le village que nous y voyons plus tard. Vers cette époque, le pays de l'Escale, comme du reste, la plupart des pays situés sur la rive gauche de la Durance jusqu'à l'embouchure de la Bléone, appartenait à l'Evêque, comte de Gap (2). Plus tard, la puissante race des seigneurs de Dromon, dont les membres portaient la qualification de *seniores* titre fort important à cette époque, et s'intitulaient

---

(1) Un ravin du pays porte le nom de vallon des Mourgues que quelques-uns croient pouvoir traduire par vallon des Maures, en souvenir du campement et du séjour qu'y auraient fait les Sarrasins.

(2) Ces divers pays, y compris l'Escale, Malijai, Beaurezer, sur les bords de la Bléone, ont relevé du diocèse de Gap jusqu'à la nouvelle circonscription des diocèses.

vicomtes de Gap dès l'année 1045, étendit sa domination sur un grand nombre de pays (1). Nous la voyons s'étendre rapidement et occuper les fiefs de Fos-Amphoux, de Niozelles, de Volone, de Mison, de Chorges, de Gigors, de Thoard, de Faucon, de l'Escale et de Besaudun. Cette famille se divisa en plusieurs branches dont les principales furent celle des seigneurs de Niozelles, celle de Mison et celle de Volone. Vers la fin du dixième siècle, l'Escale relevait de la branche de Volone; et en l'année 1060, un des descendants de cette puissante famille, Pierre de Volone, donna en franc-alleu à l'abbaye de Saint-Victor de Marseille les deux châteaux de l'Escale et de Besaudun, avec toutes leurs dépendances, terres labourées et terres gastes, prairies et pâturages, etc. Il laissa à son épouse Bilisme, sa vie durant, la jouissance de la dot qu'il lui avait constituée, mais à la condition qu'après elle, tout retournerait à l'abbaye. A la suite de cette donation, Boson, Tassile et Guillaume, fils de Dalmaïe, frères de Pierre de Volone, font serment à Durand, abbé de Saint-Victor, de ne lui jamais ravir ni à lui ni aux abbés ses successeurs les châteaux de l'Escale et de Besaudun, de ne le jamais tromper et de lui garantir la possession paisible de la donation contre toute usurpation d'où qu'elle vienne (2). De son côté, Bilisme, épouse de Pierre de Volonne,

(1) Ego Petrus (de Mison) *vice comes* Guapincensis. charte 001. Isoardus, *vice comes* Guapincensis, etc. charte 092. En 1010-1040, Faraldus, évêque de Gap avait donné à Guillaume de Dromon dix neuvains dans le fief de Dromon, la dîme dés chairs et du vin, etc., etc., en reconnaissance de ce que le dit Guillaume avait chassé les Sarrasins qui détenaient Gap et ses environs. Drómon devint le fief principal de cette famille.

(2) Cartul. de St-Victor. N° 709. Sacramentum.

confirme la donation faite par son mari, et, par un
acte du 4 septembre 1063 déclare donner à l'abbé
Durand et à Saint-Victor les possessions qu'elle tient
de son mariage avec Pierre de Volonne, savoir les
deux châteaux de l'Escale et de Besaudun et tout ce
qui lui appartient dans lesdits terroirs et s'engage à
ne les donner ni les vendre mais à les conserver pour
l'abbaye (1).

Pierre de Volone, l'auteur de cette généreuse donation, était fils d'Isnard et de Dalmatie (2), et avait épousé Bilisme, fille de Vuandalmoys (3).

Cet acte de donation, daté de l'an 1060, établit les
moines de Saint-Victor, dans la personne de Durand
leur abbé, seigneurs temporels des deux pays qu'ils
posséderont désormais en franc-alleu (4).

Or, quelle était l'étendue du fief dont il les inves-
tissait ? Nous n'avons, pour la connaître, qu'à nous
rapporter aux limites que le donateur trace lui-même
dans l'acte de donation, en nous aidant des données
fournies par les archives locales et par la connaissance des lieux. Or, aux termes de la charte de
donation, ce fief avait pour limite : au couchant, là
durance jusqu'à l'embouchure de la Bléone (5) ; au
midi, la Bléone, en remontant le cours de la rivière
jusqu'à l'église de notre-dame de Rorabel, située sur
la rive droite, à quelques pas du courant et en amont

(1) Cartul. de St-Victor. N° 705. 1063, 4 sept.
(2) ...Petrus de Volona, Isnardi filius exmatre Dalmatia.
Charte 704.
(3) ... Bilisma, filia Vuandalmoys uxor Petri de Volona. Ch. 705.
(4) ... Dono.. ad proprium alodem.. Ch. 704.. ex integro. Ch. 703
(5) .... sicut durentia ferit in bledonam, cartul. de Saint-
Victor. Charte 704.

du village de Malijai (1) ; D'autre part, c'est-à-dire, au nord, il était circonscrit par le torrent du Vignorgue (aujourd'hui ravin de Pierre taillée) qui traversait le serre de Pailleroux jusqu'à Piégut et comprenait de ce côté toute la circonscription territoriale de Besaudun (2). Nous voyons par là, que l'Escale et Besaudun étaient deux villages distincts, ayant chacun leur territoire propre, et formant néanmoins un seul fief enclavé entre la Durance, la Bléone et le Vignorgue, depuis Piégut jusqu'à notre-Dame de rorabel.

Mais, si l'existence du village de Besaudun est un fait acquis à l'histoire, la détermination de l'emplacement de ce village, aujourd'hui complètement détruit, a donné lieu à une erreur topographique que nous ne devons pas manquer de signaler et de détruire.

Jean-Jacques Esmieu, dans sa notice historique et statistique de la ville des Mées (3), place le village de Besaudun sur la rive gauche de la bléone et sur une des collines qui dominent cette rivière ; il nous enseigne que ce village quitta son nom de Besaudun

(1) Et sicut ascendit bledona usque ad ecclesiam sancte Marie ad roures. loc. cit.

(2) Et, ex altera parte sicut ascendit rivus qui appellatur Virongus (et non pas iurongus comme l'a écrit Esmieu) in serrum de Paliairols usque in Poio acuto, et in quantum deincebs extenditur territorium castelli quod vocatur Besaldunus.... loc. cit. Notons, en passant, qu'il existe non loin de ce torrent une campagne qu'on appelle Vignorgue (traduction de Virongus), une autre qu'on appelle Piégut, et un quartier dit de Pailleroux ; nous en parlerons plus amplement au cours de cette dissertation.

(3) Digne, chez Jean Antoine Farjon, imprimeur. An XI de la république française. 1803.

pour prendre celui de Malijai, vers le XIIe siècle
(1); il appuie son dire sur la charte de l'an 1060,
qui, d'après lui, en fournit une preuve non équivoque, pièce singulière ajoute-t-il sur un ton de com-
passion, qui fait naître bien des réflexions (2). Nous
avons cédé à la curiosité de connaitre cette pièce
singulière, et nous l'avons sérieusement étudiée, non
pas seulement dans la notice d'Esmieu où elle n'est
pas transcrite *in extenso*, mais sur l'original déposé
aux archives dés Bouches-du-Rhône. Loin d'y voir
clairement et d'une façon non équivoque, comme
Esmieu nous le faisait espérer, que le village de
Besaudun était sur la rive gauche de la Bléone (3),
nous avons rapporté de notre examen la conviction
que l'honorable historien était dans l'erreur. Cherchant à nous rendre compte de la cause de son
erreur, nous croyons l'avoir trouvée dans le mot
Paliairols que contient cette charte. A notre avis,
la rencontre, dans cette pièce, d'un nom de quartier
qu'il croyait n'exister qu'aux Mées, lieu d'origine de
l'historien, aura bien pu le dépayser, et lui aura fait
donner au mot *ex altera parte* qui se trouve dans la
charte, l'interprétation erronée « de l'autre côté de
la Bléone » au lieu de « d'autre part » qui est le seul
sens dont le mot soit susceptible dans la phrase en
question (4). Il ne fut certainement pas tombé dans
cette erreur s'il eut jeté un coup d'œil sur les cadas-
tres de Volonne et de l'Escale car il y aurait vu
tout un quartier nommé quartier de Pailleroux,

(1) Notice historique etc. pp. 187-188-190.
(2) ibid. p. 189.
(3) ibid. p, 490, et passim.
(4) Notice hist. et statis. p. 488.

ce qui est bien le même nom que Paliairols: que c'est ici que se trouvent les noms et les quartiers de Vignorgue, *virongus*, Piégut, *Poio aculo* et que le torrent de Vignorgue est bien celui qui passe par le serre de Pailleroux pour se déverser dans la Durance, noms et quartiers qui n'ont jamais existé à Paille-rols des Mées.

Il est regrettable que sur la foi de cet historien, plusieurs écrivains et notamment Edouard de La-plane (1) aient donné au village de Besaudun une position géographique qui n'est pas la vraie.

Pour nous, nous sommes convaincu qu'il faut placer Besaudun sur la rive droite de la Bléone et sur la colline qui sépare l'Escale de Malijai ; voici nos raisons :

1° Pierre de Volone donnant l'Escale et Besaudun à l'abbaye de Saint-Victor par acte écrit dans le monastère de Marseille, renferme et circonscrit dans des limites désignées le fief qui fait l'objet de la donation ; or voici quelles sont ces limites :

..... *sicut durentia ferit in bledonam* ; c'est-à-dire, le cours de la durance jusqu'à sa jonction avec la bléone ; voilà bien la limite au couchant ; le fief ne va pas plus loin. Or si le fief traversant la bléone quittant le comté de Gap s'était étendu jusqu'à Pail-lerols des Mées, c'est-à-dire, à douze ou quinze kilomè-tres de là, pourquoi la ligne de démarcation ne se serait-elle pas prolongée jusqu'à Paillerols, au lieu de s'arrê-ter à l'embouchure de la bléone ? Au contraire, une fois arrivé à la jonction des deux rivières qui était la

(1) Histoire de Sisteron par M. Ed. de Laplane. Tome I. pp. 125-126.

limite du comté de Gap et de son domaine, le donateur voulant délimiter le fief à l'Est, comme il l'a fait
au couchant, quitte le cours de la durance et remonte
la bléone jusqu'à l'église de notre-dame de Rorabel :
*et sicut ascendit bledona usque ad ecclesiam sancte
Marie ad roures (1)*. Voilà bien la limite établie au
levant par la bléone, de son embouchure à notre-dame
de Rorabel. Il s'agit maintenant d'établir une ligne
de séparation entre le terroir du fief concédé et celui
des pays limitrophes. Il quitte donc le point désormais connu et vient d'autre part, *ex altera parte*,
vers le ravin de vignorgue (2), le prend à son embouchure, le remonte à travers le bois de pailleroux
jusqu'à Piégut et donne toute l'étendue du territoire
de Besaudun, limité d'autre part par celui de Mirabeau. *Et, exaltera parte, sicut ascendit rivu qui
appellatur virongus in serrum de Paliairols, per
illam fobiam, et transit per medium Paliairols usque
in Poio acuto etc, etc.* charte 704. En traduisant *ex
altera parte* par « d'autre part » comme nous le
faisons, on arrive à l'explication des limites, et la
circonscription fournie par le donateur devient
parfaitement compréhensible ; ce qui n'a pas lieu en
traduisant ce mot par « de l'autre côté de la rivière »
comme le fait Esmieu.

_____

(1) Cette église bâtie à l'extrémité du terroir de Malijai à
égale distance de ce village et de Beauvezer, servait autrefois
d'église paroissiale aux deux pays qui n'avaient qu'un seul
curé. Les ruines se voyaient encore il n'y a pas longtemps à
l'endroit où depuis on a fait construire un oratoire pour per-
pétuer le souvenir de cette église. Le quartier porte encore
le nom de prieuré.

(2) C'est bien par Vignorgue que le dictionnaire du cartulaire
de Saint-Victor traduit le mot virongus; Il le place entre
Volone et l'Escale.

2º Si Besaudun est situé sur la rive gauche de la Bléone et s'étend jusqu'à Paillerols, qu'Esmieu nous y montre le ruisseau qui s'appelle Vignorgue traversant paillerols ? Qu'il nous dise où se trouve Piégut ? Il n'a eu garde de nous en parler, ces noms ne se trouvant pas à Paillerols des Mées, mais seulement aux environs de l'Escale. Omettant volontairement cette partie de délimitation, qui visiblement l'embarrasse, il ajoute à la donation et d'une manière aussi vague que fantaisiste *toutes les montagnes et collines qui traversent et partagent le territoire des Mées jusqu'au milieu du domaine de Payerols* (1).

3º Dans la composition et la circonscription des anciens comtés ainsi que dans un grand nombre d'instruments, tels que : donations, confirmations de bénéfices, nous voyons que l'Escale et Besaudun sont toujours compris dans le comté de Gap. Or le comté ou évêché de Gap ne dépassait pas la Bléone qui le séparait en cet endroit du comté de Riez. Donc Besaudun n'était pas au delà de la Bléone, soit, sur la rive gauche, car il aurait appartenu au comté de Riez ; mais bien sur la rive droite (2).

(1) Notice etc. page 488 note.

(2) Voici, du reste, les frontières du comté de Riez. Au nord, le cours de la *Bléone près de son embouchure dans la Durance* et plus à l'Est le territoire d'Entrages formaient la séparation d'avec *les comtés de Gap à l'ouest* et de Digne à l'Est. D'Entrages, la frontière bordant le comté de Senez descendait droit au sud à Moustiers puis s'inclinait au sud-est à Châteauneuf à Rougon, à Trigance ; inclinait au sud-ouest et passait par Vérignon et Tavernes ; de là, remontait au nord-ouest à Saint-Julien le montagnier puis atteignait la Durance qui servait de limite au comté à l'ouest depuis Gréoulx *jusqu'à l'embouchure de la Bléone sur le territoire des Mées.*

4º La tradition locale et le cadastre viennent à l'appui de notre opinion. Il existe à l'Escale, à côté de la colline où se trouvait le village, une campagne qu'on nomme encore *Besaudun* ; le passage de la montagne qui donne accès à cette campagne s'appelle le col de Besaudun : *lou coulet de Besoudun.* Au sommet de la colline on distingue encore quelques ruines ayant appartenu à une église appelée Saint-Pierre de Besaudun où la génération présente raconte qu'on faisait halte autrefois, au cours de la longue procession du premier dimanche de mai. D'autre part voici ce que nous lisons dans le cadastre de l'Escale: section B, 11e quartier dit de *Pailleroux* et font de Berne, borné au nord par le ravin de la Roueirie et par le ravin de *Piégut* qui débouche dans celui du ruth (sic) ou de Saint-Jean de Mirabeau ; au sud par le terroir de Mirabeau et le ravin à l'ouest de *Piégut* ; à l'ouest par le torrent de la Roueirie. Ajoutons qu'il y a dans ce quartier et au terroir de Volone une campagne nommée *Pailleroux* et une autre qui porte le mon de *Vignorgue.*

5º Les cartes géographiques anciennes, de Cassini et autres, celle dressée par ordre du ministre de l'intérieur, feuille xxiv-32, Digne, tirage de 1890, placent Besaudun non pas sur la rive droite de la Bléone mais là où nous le plaçons nous-même.

6º Loin que le nom de Besaudun, gratuitement attribué à l'ancien Malijai par Esmieu, ait disparu au 12e siècle, ainsi qu'il le prétend, (page 487), nous le rencontrons dans la charte 870, datée de 1180, dans une pièce datée du 25 octobre 1292 donnée à Rome par Charles II, comte de Provence, dans diverses pièces au XIVe siècle et jusque dans les délibérations du XVIIᵉ siècle où l'un des fils du seigneur Matheron Amalric s'intitule Monsieur de Besaudun. Ce nom existe encore aujourd'hui dans le langage populaire et sert à désigner la campagne et le quartier dont nous avons déjà parlé (1).

7º Si Besaudun eut été placé sur la rive gauche de la Bléone et se fut étendu jusqu'au milieu du domaine de Paillerols des Mées, ce domaine serait devenu la propriété des moines de Saint-Victor en vertu de la donation de 1060. Or, il ne leur a jamais appartenu. Bien plus, tandis qu'un instrument de l'an 1180, indiction xiii, attribue les droits paroissiaux de l'église de Besaudun aux chanoines de

(1) Le village de Malijai n'a jamais porté le nom de Besaudun; il n'existait probablement pas au XIᵉ siècle ; les terres qui le composent dépendaient du monastère de Saint-Christophe établi non loin de Beauvezer *aux chemins.* C'était là le nom que portait le quartier. C'est là, en effet qu'il faut placer les *stradas* plusieurs fois mentionnées dans le cartulaire et qu'on n'a pas su jusqu'à présent où placer. Le dictionnaire géographique du cartulaire répond par un point d'interrogation au mot *stratœ de pressa ?* d'autre part il identifie bien à tort *Stradœ* ou *Estradœ* avec *Lestret* ou *Lettret*, canton de Tallard, qui se traduit par *villa strictus* et non *Stratœ* ou *Estradœ.* Voici les principaux passages où il en est question. Bulle de Grégoire VII, du 4 juillet 1079. In episcopatu vapincensi..... *cellam sancti Christofori ad Estradas.* Cartul, nº 813 p. 218. Donation d'Umbert et de Tomidie 1ᵉʳ juillet 1073.... hec omnia donamus in territorio *Stratas* depressa, de molinos usque in aqua que vocatur Bledona. Cart. nº 707. Bulle d'Innocent II du 18 juin 1135. in vapincensi cellam... Sancti Christophori de *Stradis,* cart. nº 811 p. 223 En 1602. l'église de *Saint-Christophe* de Beauvezer « *Sur le grand chemin* est toute ouverte voultée et couverte » (visit. episcop. fo. 223). Le 12 mai 1611, l'église de Saint-Christophe de Beauvezer est en « assez mauvais état » (visites folio 93) Il y a donc lieu de croire que l'identification proposée par le cartulaire de Saint-Victor (t. II. p. 929) est erronée.

Chardavon, (cart. nº 870), nous voyons qu'en 1150 le domaine de Paillerols dépendait de l'abbaye de Boscaudon qui y établit un monastère ; que dès avant cette époque il relevait d'Isnard de Paillerols, de Guillaume de Paillerols et de ses trois frères Pierre Raymond et Bertrand qui y possédaient le droit de pacage; que Cordet, seigneur de Brunet en 1187, Ildefons et Raymond Béranger, concédèrent à ce monastère les droits qu'ils possédaient sur ses terres. etc., etc. Peut-on supposer que les moines de Saint-Victor auraient laissé ériger sur leurs propres terres un monastère qui n'aurait pas relevé d'eux mais de Boscaudon ? Donc Besaudun ne s'étendait pas jusqu'à Paillerols des Mées et n'était pas placé sur la rive gauche de la Bléone,

8º L'instrument déjà cité (cart. nº 807-1180 ind. XIII) nous montre les évêques de Gap, de Sisteron, d'Aix et d'Apt réunis à Sisteron pour trancher le conflit de juridiction survenu entre les chanoines de Chardavon et les moines de Saint-Victor, attribuant les droits paroissiaux de l'église de Besaudun aux chanoines de Chardavon. Si Besaudun eut été situé sur la rive gauche de la Bléone, il eut relevé du diocèse et comté de Riez tout comme les Mées et Puimichel. Dès lors, peut-on supposer que l'évêque de Riez n'eut pas été appelé à donner son avis dans un différent qui l'aurait touché de si près, puisque Besaudun aurait relevé de son siège, alors que des évêques étrangers et éloignés étaient appelés à donner le leur ?

9º Enfin, comprend-on, au XIe siècle, un *castellum* c'est-à-dire un château fort ou un bourg fermé de murs, placé à la frontière d'un comté, et dont le territoire, traversant une rivière et les limites de ce comté, s'étendrait dans un autre comté sur une longueur de quinze kilomètres environ avec une largeur presque illimitée, et englobant dans sa circonscription *toutes les montagnes et collines* (pourquoi pas la plaine ?) *qui traversent et partagent le territoire des Mées jusques au milieu du domaine de Payerols ? (1)*. Nous rejetons cette démarcation fantaisiste et nous adoptons la délimitation claire et précise, nettement indiquée par le donateur dans la charte 704.

Nous pourrions apporter d'autres raisons encore en faveur de notre thèse ; ce que nous avons dit nous parait suffire abondamment à prouver que le village de Besaudun n'était pas sur la rive gauche mais bien sur la rive droite de la Bléone, et que Esmieu, trompé par la similitude du nom de Paillerols, commun à un quartier des Mées, a donné, intentionnellement ou par inadvertance, une interprétation erronée à un passage de la charte de Pierre de Volone pour appuyer son dire ; c'est là ce que nous voulions démontrer.

Après avoir donné aux moines de Saint-Victor les fiefs de l'Escale et de Besaudun qu'il détacha de la seigneurie de Volone, et leur avoir cédé tous les droits seigneuriaux qu'il y possédait, Pierre de Volone vou-

(1) Notice hist. et statist. p. 488. note. La critique historique trouverait matière à s'exercer dans cet ouvrage où les appréciations de l'auteur, notamment au point de vue religieux, ne sont pas toujours marquées au coin de cette impartialité dont l'historien a le devoir de ne jamais se départir, quelles que soient, d'ailleurs, ses opinions personnelles. L'époque où ce volume fut composé (imprimé en 1803) peut servir de circonstance atténuante en faveur de l'auteur.

lut les doter d'une église et de terres qui leur fussent
propres et leur permissent d'établir un monastère
dans ce lieu. C'est pourquoi, par un acte du 16 mars
1064, ce généreux seigneur leur donna en franc-alleu
les églises de Sainte-Marie et de Sainte-Consorce fon-
dées toutes deux au quartier de Mandanois, (1) quarante dextres de la propriété qu'il possède touchant
lesdites églises (2), deux manses aussi en franc-alleu,
ex-integro (3), et tout ce qui en dépend, plus un défend ou bois nommé Aïas, avec les terres qui sont au
dessus et au dessous ; il ajoute la dime franche de
tout ce qui fait l'objet de sa donation présente et de
ses donations futures, avec un manse qu'il possède
à Dromon. Tous ces immeubles, dit la charte de
donation, sont situés dans le comté de Gap et dans
la circonscription seigneuriale et juridictionnelle de
Volone (4).

(1) *ecclesias scilicet sancte Marie et sancte Consortie que
fundate sunt in loco quem nominant Mandanuis.* Fonds inédits
de St-Victor. Arch. des B. du Rh. liasseII. 40.

(2) ... *meam partem de cimiterio que ad me pertinet infra
quadraginta dextros.* ibid. — On désignait sous le nom de *cimiterium* tout terrain attenant à une église paroissiale et même
les terrains confinant à ceux qui y touchaient. Le *dextre* était
un espace défini, ordinairement de 30 pas, qui entourait les
églises et autres lieux jouissant de quelque immunité ou de
droit d'asile.

(3) Le *manse* était le type essentiel de la propriété rurale ; il
comprenait une étendue de terre plus ou moins grande, avec les
bâtiments d'exploitation et la maison d'habitation : ce que nous
appellerions aujourd'hui une ferme.

(4) ... *sunt autem hec omnia prenominata dona in comitatu
Gappincensi et in territorio de Volona.* Notons, pour l'intel-
ligence de cette ligne, que le mot *territorium* signifie quelquefois territoire, mais le plus souvent juridiction ; et c'est le sens
qu'il a ici. On ne doit donc pas dire que ces deux églises, ces
deux manses et le bois étaient situés dans le territoire de Vo-

Après cette donation, Pierre de Volone n'intervient plus dans les affaires du pays de l'Escale dont il avait investi les abbés de Saint-Victor, et où il ne possédait plus aucun droit seigneurial Cette puissante famille disparut avant la fin du onzième siècle, et, dorénavant, les abbés de Saint-Victor sont les seuls seigneurs temporels du pays.

§ II. Bernard de Ruthènes. 29 mars 1064.

Dès que les moines de Saint-Victor eurent été mis en possession de la seigneurie de l'Escale et de Besaudun (1060), ainsi que des deux églises et des deux manses qui font l'objet de la donation de 1064, ils ne tardèrent pas de construire un monastère au quartier désigné dans la charte, et connu aujourd'hui encore sous le nom de Mandanois. Ce monastère, qui dès lors prit le nom de monastère de Notre-Dame de Mandanois, s'enrichit bientôt de possessions nombreuses, grâce à la générosité de plusieurs personnages qui trouvaient dans ces donations, une occasion de restituer un bien illégitimement acquis et indûment possédé, et un moyen d'attirer sur eux et leur famille les bénédictions de Dieu. C'est ainsi que le 1er avril 1073, Richelme donne à Bernard de Ruthènes, abbé de Saint-Victor, le moulin, les vignes, et généralement toutes les terres qu'il possède à l'Escale; la charte

lone, mais relevaient de la juridiction seigneuriale de Volone. Dans la même charte et avant la ligne citée plus haut, il dit : « *Dono etiam unum mansum in territorio de Dromone*, ce qui ne veut pas dire non plus que ce manse, situé à Dromon, St-Geniez, était dans le territoire de Volone, mais bien qu'il dépendait comme l'Escale, de la juridiction du seigneur de Volone.

dé donation fut rédigée dans le monastère de Mandanois (1). Le même jour et la même année, Isnard et sa femme Aizivelle, avec leurs enfants, donnent à Bernard de Ruthènes et au monastère de Saint-Victor une terre contiguë à l'église de Sainte-Marie de Mandanois, confrontant d'un côté l'église, de l'autre, la voie publique, et d'un autre, une terre d'Alphant (2). Cet acte de donation rédigé pareillement dans le monastère de Mandanois, nous apprend que l'église de Notre-Dame était située à l'endroit qu'elle occupe aujourd'hui ; et que la voie publique, ancienne voie *Salinaria*, passait tout près de cette église, suivant probablement en cet endroit le même tracé que la route actuelle n° 4, de Vinon à Gap.

Le monastère de Ste-Marie de Mandanois, la seigneurie de l'Escale et Besaudun avec ses attenances, furent confirmés à Bernard de Ruthènes par le pape Grégoire VII, le 4 juillet 1079 (1).

§ III. Othon, abbé de St-Victor.

La même confirmation fut faite par le pape Pascal II à Othon, abbé de St-Victor, le 23 avril 1113

---

(1) Facta carta doni hujus anno millesimo septuagesimo III kalendis aprilis *in monasterio Mandanuis*. Cart de St-V. N° 706.

(2) ... nos datores Isnardus et uxor sua Aizivella et filiabus suis... donamus... terra in cimiterio Sancte Marie Mandanoicus et de alio latus ecclesia sancte Marie, alio latus via puplica, alio latus terra de Alfant. Facta carta donationis... in monasterio Mandanois. Cart. de St-V. N° 708 — 1er avril 1073 — Nous avons dit précédemment ce que signifiait le mot *cimiterium* ; Ducange le définit : Azilus circum ecclesiam, locus quidam seu vicus forte prope ecclesiam constitutus.

(3) ..... Monasterium Sancte-Marie de Mandanuis... castella que subscripta sunt et villas cum ecclesiis prediis et pertinenciis suis videlicet..... Biseldunum et Scalam. Cart. n° 843.

(1). Nous remarquons dans cette confirmation des bénéfices, que le monastère de Mandanois est désigné
sous le nom de *cellam* (ce qui revient sans doute au
même); qu'on donne le titre d'église paroissiale à
l'église de l'Escale; et que, pour la première fois, il
est question de Saint Martin de Cornillon. Il en est
de même dans la charte de confirmation du pape
Innocent II à Pierre de Nogaret, datée du 18 juin
1138 (2).

§ IV. Pierre de Nogaret, abbé de St-Victor.

Avant de passer outre, il nous faut dire en quelques mots ce qu'était l'Escale au XIIe siècle.

A cette époque, nous y voyons cinq agglomérations
formant trois paroisses. Le *castrum* de l'Escale se
composant des hommes qui occupaient Vière; le
Bourguet dont les habitants sont distingués de ceux
du castrum dans la charte 870; ces deux agglomérations formaient la paroisse ou église de l'Escale. La
Villa Mandanois, sorte de faubourg, agglomération
d'habitations rurales non fortifiées, et groupées autour du monastère de N.-D. de Mandanois; ce faubourg n'était guère habité que par les hommes d'é-
glise, employés au service des moines et à l'exploitation des terres du couvent. *Besaudun*, sur une éminence, formait une agglomération, un *castrum* à part
et possédait son église paroissiale. Enfin *St-Martin
de Cornillon*, situé au quartier qu'on nomme aujour-

(1) ..... in episcopatu Vapincensi cellam Sancte Marie de Mandanuis..... ecclesiam parrochialem de Scala, Sancti Martini de
Cornillon. Cartul. n° 848.

(2) Mêmes termes que ci-dessus. Cartul. n° 844.

d'hui encore Cornillon, au-delà du vallon des Naïsses, sur une petite éminence bien exposée au soleil couchant. Çà et là des tas de pierres de construction, de nombreux ossements humains, quelques débris de poterie ancienne, un réservoir à demi détruit sont les seuls vestiges matériels qui nous restent de ce petit village du XIIe siècle. Il y avait là une église paroissiale, dont les revenus furent attribués aux chanoines de Chardavon par sentence arbitrale de 1180. Nous en parlerons plus longuement au chapitre Ve de cet ouvrage.

Les abbés de Saint-Victor, étant seigneurs temporels du pays, et percevant les droits seigneuriaux, devaient remplir les obligations que ce titre leur imposait; et ce devoir s'imposait d'autant plus impérieux, que la sûreté des personnes laissait plus à désirer à cette époque, et que les guerres de seigneur à seigneur, les usurpations, les envahissements, étaient plus fréquents. Il fallait donc garder le *castrum*, garantir l'intégrité du fief, protéger les serfs et les moines, se défendre en un mot, contre les incursions ennemies.

Pour atteindre ce résultat, l'abbé de Saint-Victor dut confier la garde du *castrum* à un homme de son choix, qui, moyennant la perception de certaines redevances et l'attribution de certains droits convenus de part et d'autre, s'engageait à défendre les habitants, à conserver le fief en loyal seigneur.

Ce fut là, l'*homme de foi*, tenant le fief de l'abbé, auquel il était obligé de rendre hommage. Ce n'est pas là une supposition gratuite; la connaissance de cet arrangement nous est fournie par la charte qui nous sert de guide en cette étude, où il est dit : Que l'abbaye de Saint-Victor ne tient rien à l'Escale, du seigneur, mais que, par contre, tout ce que le seigneur y possède, il le tient de l'abbé et du monastère (1).

Un des premiers de ces hommes de foi fut Raimbaud (2), dont le fils Bertrand, prêta plus tard hommage à Pierre de Nogaret.

§ V. Bertrand Raimbaud.

Bertrand Raimbaud, fils de Raimbaud, vassal de l'abbé de Saint-Victor dans le fief de l'Escale, avait épousé Uga, sœur d'Hugues de Sisteron. Nous le voyons en 1160, prêter serment à Pierre de Nogaret, conjointement avec Isnard de l'Escale et Hugues de Sisteron, et jurer qu'ils ne lui enlèveront jamais le château de l'Escale (3). A la suite de cette déclaration solennelle, ces trois personnages qui avaient essayé de s'emparer du fief, prêtèrent hommage dans les formes voulues entre les mains de Pierre de Nogaret en présence de nombreux témoins, tant clercs que laïques, parmi lesquels figurent Foulque de Volone, Pons de Thoard, Guigues de Pierrerue, Adelbert de Châteauneuf, Rostang de Besaudun, etc., etc.

(1) Monasterium Massiliense nihil in terra de Scala habebat ab eo, sed ipse quidquid habebat in eadem terra, hoc ab abbate et monasterio habebat. Cart. de St-V., n° 978.

(2) On lui avait accordé deux corvées de labour..... duas tan. tum solas corroadas de bobus..... probatum fuit patrem suum (Bertrandi Raimbaldi) habuisse et eas debet habere. Loc. cit.

(3) Audis tu, Petre abbas ? Ego Bertrandus Raiambaldi et ego Isnardus de Scala et ego Ugo de Cestaro castellum quod vocatur Scala non tollemus sancto Victori neque tibi Petre... et hii omnes interfuerunt quando Domnus Petrus abbas, suscepit a tribus jam dictis hominium et supra dictum castellum scilicet scalam. Cart. de St-Victor, n° 979.

Malgré ce serment, Bertrand Raimbaud exerçait des vexations à l'Escale et n'en continuait pas moins ses tentatives pour secouer le joug de l'abbé, molestant les moines et prélevant de lourds impôts sur les hommes de l'église. En 1171, il dut prêter hommage de nouveau et jurer de respecter les droits de son seigneur. A la suite de cette prestation de serment à laquelle prirent part Rostang de Besaudun, Pierre d'Esclangon, Torcatus de Châteauneuf et Foulque de Volone, nous lisons ces paroles significatives : « Moi, Bertrand Raimbaud, du consentement d'Uga, mon épouse, en réparation des méfaits que j'ai commis contre cette maison, nous offrons (oferimus) notre fils Bertrand à Dieu et à saint Victor (c'était un *oblatus*), et nous lui donnons neuf charruées (*modietatem*) de terre avec la vigne que tient Bernard le Roux; et lorsqu'il sera en âge d'être moine, nous lui donnerons cinq cents sols, un très bon chevauchier (*equitaturam*) et tout ce qui lui sera nécessaire; en outre les terres enlevées à la maison (au monastère), savoir, celle qui touche la ferrage d'A..., près des aires et la terre qui appartenait à Michel (1).

On voit bien, par le contenu de cette charte, que Bertrand Raimbaud cherchait à agrandir ses possessions au préjudice de l'abbaye.

Toutes les promesses qu'il réitérait, tous les en-

(1) ... Et ego Bertranus Raibal, Uga uxore mea consentiente, propter restaurationem malefactorum que feci supradicte domui, oferimus filium nostrum Bertrandum Domino Deo et sancto Victori et donamus ei unam modietatem terre et vineam quam tenet Bernardus rufus; et quando erit talis quod poterit monachari, D solidos et equitaturam optimam et alie que sunt necessarie et terras quas abstulerat supradicte domui, etc., etc. Cart. de St-Victor, n° 1100.

gagements qu'il prenait devant témoins, étaient im-
puissants à éteindre la soif de domination et la cupi-
dité qui le possédaient, et on le vit bientôt, au mé-
pris de la foi jurée, porter la main sur les possessions
des gens d'église, exercer des vexations contre eux,
leur imposer des tailles, des corvées, etc., etc. Bien
plus, on vit ce félon, se liguer avec les ennemis de
l'église et du monastère, tant clercs que laïques, afin
d'opprimer et de persécuter plus facilement les moines
de Mandanois, que ses engagements lui faisaient un
devoir de protéger (1). Il devenait urgent de mettre
un terme à ces vexations et d'établir un *modus vivendi*
qui donnât des garanties de sécurité au monastère,
et délimitât, d'une manière aussi authentique et aussi
solennelle que possible, les droits et les devoirs de
chacun. C'est dans ce but que Austorge, abbé de
St-Victor, assisté de Frédald, évêque de Fréjus, de
Bertrand de Garcin, évêque élu de Riez, et de plusieurs hauts et puissants personnages, se fit prêter
solennellement hommage par Bertrand Raimbaud et
rédigea une ordonnance dont nous allons citer les
articles principaux.

Tout d'abord, Bertrand Raimbaud, assisté de Raymond de Volone, d'Isnard de Puimichel, de Raimond
de Vaumeilh, ... de Ricavus (2) de Pierrerue, etc., etc.,
jura de s'en rapporter à l'ordonnance de l'abbé Austorge touchant les plaintes que l'abbé et le prieur de
Mandanois, Raymond, avaient à formuler contre lui;

(1) Vide cartul. de St-Victor, n° 978. Passim.
(2) Il y avait un castrum Ricavi près de Peypin; il n'existait
déjà plus au commencement du XIV° siècle; l'enquête de Léopard de Fulginet sur les droits du roi Robert dans le bailliage
de Sisteron (1332) n'en fait pas mention.

il prêta le serment de lui fournir toutes les garanties
de sécurité désirables, lui donnant tels gages de sa
bonne foi qu'il pourrait exiger, se condamnant lui-
même à une amende de deux mille sous s'il venait à
enfreindre ses ordres, à violer la foi jurée, ou s'il ne
s'amendait pas dans les trois mois de l'avertissement
qui lui en serait donné par l'abbé ou par son envoyé.
De leur côté, les hommes de l'Escale et du Bourguet,
qui relevaient de Bertrand Raimbaud, déclarèrent sous
serment que, faute par ce dernier de s'en tenir à l'ordonnance de l'abbé, eux y resteraient fidèles, aban-
donneraient Bertrand Raimbaud et se placeraient sous
les ordres de l'abbé de Saint-Victor. Ils promettaient,
en outre, de ne jamais prêter secours et assistance pour
enfreindre cette ordonnance.

Or voici le contenu de l'ordonnance que rédigea
l'abbé Austorge, et à l'observation de laquelle Bertrand R. s'astreignit par serment solennel.

L'abbé lui défend de continuer ses vexations contre
l'église de Mandanois et ses hommes, quelque part
qu'il les ait, soit dans le *castrum*, soit dans la *villa* de
Mandanois, il lui ordonne de respecter dorénavant les
biens de l'église dans toute l'étendue du terroir de l'Escale, voulant que les biens et les hommes d'église soient
libres et francs (1), et qu'il ne prélève plus désormais
sur les uns et sur les autres, aucune imposition de deniers, parce que aucun de ses prédécesseurs ne s'était

(1) *Les hommes francs* étaient des hommes d'une condition
mitoyenne entre celle des nobles et celle des roturiers. La forme
de l'hommage était différente pour eux; car, ils baisaient l'an-
neau que portait le seigneur, ou le dessus de sa main, et non
pas la bouche comme les nobles, ni le pouce comme les roturiers.

porté à de tels excès (1). Mais, si les gens d'église tiennent des terres, des vignes ou des prés de Bertrand Raimbaud, ces hommes, quoique d'église, lui en devront la tasque. Cet ordre repose sur ce que *Bertrand Raimbaud tient de l'abbé et du monastère de Saint-Victor tout ce qu'il possède à l'Escale, tandis que le monastère ne tient rien de lui* (2).

L'abbé Austorge se plaint ensuite de ce que Bertrand Raimbaud a imposé le premier des corvées et prélevé des tailles tant en nature qu'en espèces sur les hommes d'église (3), malgré qu'il eût promis deux ou trois fois aux abbés, ses prédécesseurs, notamment à Guillaume Pierre, à Pierre de Nogaret, à Dieudonné de Seveirac, de ne plus se porter à pareils excès, et qu'il eût même établi une convention spéciale à ce sujet. D'ailleurs, ajoute-t'il, il est prouvé que son père n'avait droit qu'à deux corvées de labour, une pour le blé, l'autre pour l'orge ; son fils doit donc se contenter de cela.

Les hommes d'église qui habitent en dessous du château, seront astreints au *guet* et à la clôture du

---

(1) Cette imposition, *quista*, était la taille dont le seigneur fixait le montant comme il l'entendait ; elle se levait toutes les années sur les hommes de la plus basse condition : les hommes d'église qui étaient *hommes francs* n'étaient pas taillables dans ce sens.

(2) ... Et hoc ideo mandavit ei quia monasterium massiliense nihil in terra de Scala habebat ab eo, sed ipse, quicquid habebat in eadem terra, ab abbate et monasterio habebat. — Cart. de St-Victor, n° 978.

(3) Il s'agit ici des corvées personnelles qui ne pouvaient être dues par les hommes d'église, puisqu'ils n'étaient pas sujets de Bertrand Raimbaud.

castrum, tout comme ceux qui habitent dans l'enceinte, mais non pas les hommes du monastère (1).

Quant au Vintain, il est spécifié expressément que nul ne doit le donner des terres de Notre-Dame (2).

Le prieur pourra prendre dans l'iscle le menu branchage qui lui sera nécessaire pour réparer l'écluse du moulin, et contribuera, pour sa part, aux travaux qu'exige l'entretien de l'iscle, comme l'ont fait ses prédécesseurs.

En outre, Bertrand Raimbaud, tenant du monastère de St-Victor tout ce qu'il possède à l'Escale, et rendant hommage à l'abbé comme vassal, ne devra plus se liguer avec les ennemis du monastère, qu'ils soient clercs ou laïques, mais se fera un devoir de défendre les moines, les hommes d'église, et de protéger leurs biens.

Pour le ban (3), au sujet duquel le prieur et Ber-

---

(1) *Gaitam.* Le guet était la garde que les sujets étaient obligés de faire au château de leur seigneur. Les nouveaux seigneurs qui s'introduisirent par inféodation dans le courant du X⁰ siècle l'imposèrent à leurs sujets.

(2) ... de Vinteno (Junteno) etc. Le vintain était un droit qu'avait le seigneur fondé en titre, de prendre la 20ᵉ partie des fruits croissants dans sa terre. Il y avait deux sortes de vintain : 1° l'un, purement réel et foncier que le seigneur réservait originairement *in rerum traditione*, et qui s'appelait le droit de tasque; 2° l'autre était un droit acquis par convention, entre le seigneur et les habitants de sa terre, par laquelle (convention) le seigneur s'obligeait de faire construire et de maintenir à ses dépens les murailles du bourg ou l'enclos du château pour la sûreté des habitants et la conservation de leurs effets mobiliers, moyennant la 20ᵉ partie des blés et vins qu'ils recueillaient. Usage des fiefs, 278.

(3) Le mot *ban* a trois principales significations; tantôt il signifie une proclamation ordonnant une chose ou la prohibant; tantôt l'amende infligée aux contrevenants, tantôt enfin le district et la juridiction.

trand Raimbaud étaient en désaccord, l'abbé ordonne que le seigneur devra s'entendre avec le prieur de l'église de Mandanois, pour la perception du ban des vignes, des lapins (*cyrogrillorum*, étymologiquement des hérissons) et autres choses sujettes au ban ; que l'église aurait un ban particulier pour ses terres, soit qu'on plaçât un bannier commun, ou que chacun eut le sien, de telle sorte que le prieur ne perçut pas le ban (amendes) des hommes de Bertrand Raimbaud, et réciproquement.

Au sujet de la barque sur la Durance, il est réglé que le seigneur n'exigera rien des moines de Saint-Victor, du prieur de Mandanois et de toute sa maison ; les hommes d'église devront le droit de péage, et contribueront, pour leur part, à l'acquisition du bateau, suivant le taux fixé de bonne foi par le prieur.

Lorsqu'il faudra payer l'albergue au roi, au comte de Provence ou à ses gens, ou leur fournir les cavalcades (1), Bertrand Raimbaud ne devra pas surcharger les hommes d'église, mais se contenter de la contribution fixée par ceux à l'arbitrage desquels la chose aura été soumise.

L'abbé Austorge décide que désormais Bertrand Raimbaud ne retiendra pas les hommes d'église contre leur volonté, et que, de son côté, l'église ne retiendra

---

(1) Les droits d'albergue se payaient à la St-Michel, selon la coutume. Pour les cavalcades, le château de l'Escale devait un soldat avec un cheval équipé et un autre sans cheval équipé. Or, *miles cum equo armato ita intelligitur, armatus lorica et caligis, albergo, porpuncto, scuto et capello ferreo.* Statuts du bailliage de Sisteron, 1237. Ce droit de cavalcade était encore le même pour l'Escale lors de l'enquête de Léopard de Fulginet, archiprêtre de Bénévent, 31 juillet 1332.

pas les hommes de Bertrand Raimbaud. Toutefois, s'il se trouvait de part et d'autre, des hommes qui voulussent échanger leur situation, ils devront abandonner à leur premier maître leur maison et leurs possessions.

Dans le cas de discussion au sujet des terres, on devra s'en tenir aux témoignages d'Isnard Laurent, de Pierre Esclangon et de Guillaume Ours, qui, par ordre de Bertrand Raimbaud et du prieur, ont déterminé sur la foi du serment, celles qui appartiennent au seigneur et celles qui relèvent de l'église.

En dernier lieu l'abbé Austorge ordonne à Bertrand Raimbaud de prêter entre ses mains hommage et serment de fidélité, comme ses prédécesseurs l'avaient prêté aux abbés de Saint-Victor; ce qu'il exécuta selon l'usage. Ildefonse, comte et marquis de Provence, signa cette charte, la munit de son sceau. Les témoins en furent Frédald, évêque de Fréjus, Bertrand de Garcin, évêque élu de Riez, Guillaume Bernard, Adalbert, Raymond Gantelme, G. Datile, Jean d'Artason, etc. (1).

On le voit par le contenu de cette charte, il y avait à l'Escale, au XIIe siècle, les hommes du seigneur et les hommes de l'église; les premiers, occupant le château et le Bourguet, relevaient du seigneur sous la haute juridiction de l'abbé de Saint-Victor; les autres, attachés à l'église, cultivant ses terres, jouissant de la franchise (condition mitoyenne entre le noble et le roturier), et relevant directement du prieur de Mandanois. Le seigneur et le prieur étaient, pour ainsi dire, deux puissances dans ce petit état, et rele-

(1) Cartul. de Saint-Victor, n° 978.

vaient tous deux d'un maître souverain, l'abbé.

Mais, étant donnée la tendance bien marquée à l'envahissement qui caractérisait les seigneurs à cette époque; étant donné surtout le caractère de Bertrand Raimbaud, si nettement dessiné dans la charte que nous venons de traduire, on peut conjecturer que ce dernier finit par avoir la prépondérance, et par se soustraire à l'autorité de l'abbé de Saint-Victor, pour ne plus relever que du comte de Provence.

Conjointement avec Bertrand Raimbaud, Hugues et Isnard de l'Escale figurent comme co-seigneurs du lieu.

§ VI. Feraud Archimbaud

Feraud Archimbaud était seigneur de l'Escale vers le milieu du XIII° siècle. C'est ce que nous apprend une charte du 16 mai 1286, portant une convention passée entre ce seigneur et la cour royale au sujet des droits seigneuriaux sur les biens des frères Pinchinats.

Il y est dit que Feraud Archimbaud, constitué en présence de noble seigneur Raimond Ruphe de Comis, grand juge de Provence et de Forcalquier, et du lieutenant de noble Philippe de L., jura que Pierre et Guillaume Pinchinats, frères, ses voisins, tenants et aboutissants, étaient et devaient être ses hommes, nonobstant la reconnaissance et l'hommage faits par eux au bailli de Sisteron, recevant au nom de la cour royale. A la suite de cette déclaration, il fut convenu entre maître Guidon de Bouc, procureur royal d'une part, et Feraud Archimbaud, d'autre part, que les frères Pinchinats pourraient habiter dans l'enceinte du *castrum* de l'Escale, et dans son territoire, comme hommes royaux, et en user comme les autres habitants du lieu, sauf, toutefois, que les susdits Pinchinats, leurs biens et ceux qu'ils tenaient de leur père Raymond Pinchinat (lequel était homme de Feraud), seraient soumis à la juridiction seigneuriale du dit Feraud (1).

§ VII. Isnard de l'Escale

Armoiries : *De gueules fretté d'argent.*

Isnard de l'Escale dont il est ici question. était un descendant de cet Isnard de l'Escale qui, en 1179, promit à l'abbé de Saint-Victor, conjointement avec Bertrand Raimbaud et Hugues de Sisteron, de ne pas lui ravir le *castrum* de l'Escale (2).

Par acte donné à Rome le 25 octobre 1292, Chèrles II, comte de Provence, donna à perpétuité à ce seigneur, le vasselage de trois serfs, en retour des importants services qu'il en avait reçu en Sicile. Ces trois serfs sont : Pierre Raymond, Tassile son frère, surnommé Besaudun, et Jacques Rostagne; il y met pour condition qu'Isnard prêtera hommage-lige pour ces trois hommes, entre les mains du comte de Provence (3).

Par un autre acte, passé la même année, Charles II donne à Isnard, qu'il appelle *familiaris et fidelis*, ainsi qu'à ses héritiers, tous les immeubles que la cour possède à l'Escale et ceux qu'elle vient d'y acheter. De plus, et par le même acte, il le dispense de

(1) Arch. des B.-du-Rhône. Série B, liasse 382.
(2) Cartul. de St-Vict., n° 979.
(3) Archiv. des B.-du-R., B. 292.

toute prestation de service, de cens, etc., etc., et veut
que les biens qu'il lui donne soient libres et francs
comme ceux qu'il y possède déjà (1).

Ce seigneur avait épousé Barrasse qui possédait une
partie d'Entrepierres et de la Baume; il en eut, entre
autres fils, Ronsolyn de l'Escale dont nous allons
parler.

§ VIII. Ronsolyn de l'Escale

Ronsolyn de l'Escale, fils d'Isnard et de Barrasse (2), fut un des nombreux co-seigneurs qui se
partageaient le fief de l'Escale vers le commencement
du XIVᵉ siècle. Il possédait à lui seul le tiers du fief
et devait être le principal seigneur du lieu. Nous
voyons, en effet, dans le procès-verbal des hommages
des nobles du bailliage de Sisteron au roi Robert,
Pierre de St-Georges, prêtant hommage au nom de
Ronsolyn, fils d'Isnard de l'Escale, pour la troisième
partie du château de l'Escale (3).

A ce moment, la seigneurie se trouvait morcelée
entre plusieurs seigneurs. Bermond de la Baume y
possédait le droit de péage (4); Barras de Mirabeau
tient une partie de la seigneurie de l'Escale et de Beau-
dument; Raimbaud de l'Escale et Bertrand de Saint-
Georges y ont aussi quelques droits (5). Le procès-
verbal d'enquête de Léopard de Fulginet sur les droits
du roi à l'Escale, fait mention d'un autre co-seigneur

(1) Archiv. des B.-du-R., B. 302. La Galinière, B. 253, fᵒ 5.
(2) Ibid. Reg. Pro Barracia mater ipsius Rossolini pro medie-
tatem castri de Interpetris et pro Balma.
(3) Arch. des B.-du-R. Reg. Perg. fᵒ 258.
(4) Arch. des B.-du-R. Série B. Reg. 1059, fᵒ 30 et alibi.
(5) Reg. perg. loc. cit.

nommé Armand Edulphe (1) qui déclara que tous les biens et droits tenus par lui à l'Escale sous la directe du roi, étaient francs.

Puisque nous parlons de cette enquête célèbre, faisons connaître, en passant, quels étaient, en 1332, les droits du roi à l'Escale.

La cour possédait à l'Escale :

1° Le droit de cavalcade à raison d'un cheval équipé et d'un autre non équipé ;

2° Le droit de leyde dans toute l'étendue du pays ;

3° Neuf hommes propres sur lesquels elle a le droit de ban ;

4° Un setier d'avoine de Raymond Tarchat et un autre setier d'avoine de Guillaume Faral, pour un pré au quartier de la Palud ;

5° Pierre Tardieu payait six deniers pour sa personne ;

6° Imbert Beacrion, id.;

7° Raymond Pellicier payait un denier pour une vigne ;

8° Guigues Raymond payait deux sols pour une auberge et pour deux vignes (2).

Ronsolyn eût une fille qui fut nommée Barrasse de l'Escale, dont nous allons parler.

§ IX. Barrasse de l'Escale, « seignoresse »

Armoiries : *Fascé d'or et d'azur.*

Barrasse de l'Escale, fille et héritière universelle de

(1) Die ultimo julii comparuit Armandus Edulphi, condominus dicti loci qui confitetur, etc., etc. Arch. des B.-du-R. Série B. reg. 1058, f° 195.

(2) Droits du roi à l'Escale, etc., etc. Arch. des B.-du-Rhône, série B., reg. 1058, f° 195.

Ronsolyn de l'Escale (1) succéda à son père dans sa portion de seigneurie, et agrandit tellement le domaine patrimonial tant par les acquisitions qu'elle fit que par les donations qu'elle reçut, que bientôt, elle tint dans sa main presque tous les biens, droits seigneuriaux et juridiction du terroir et château de l'Escale. Elle prêta hommage au comte de Provence en qualité de dame et seignoresse du lieu. Dans un procès-verbal d'enquête sur les affouagements de certains bourgs du bailliage de Sisteron, dressé par le commissaire enquêteur, assisté de Bertrand Robin, baile de l'Escale, et de Jean Feraud, à la date du 8 août 1371, IXᵉ indiction, Barrasse est qualifiée *dame* et *seignoresse*. Pierre de St-Georges, figure parmi les nobles, conjointement avec le prieur de Mandanois qui, à raison du prieuré, possède huit hommes (2).

Barrasse de l'Escale donna et remit, tant par donation que par testament, la seigneurie, les biens et la juridiction de l'Escale à son neveu Jean de Marcoux, seigneur des Dourbes, bien avant que la reine Marie lui eût concédé les droits de la cour.

Ajoutons que le sieur de Barras de Mirabeau, qui tenait une partie de l'Escale, comme nous l'avons vu plus haut, laissa ses biens à sa fille Marguerite de

(1) ... damoyselle Barrasse de l'Escalle, filhe héritière unyverselle dudict Ronsolyn, etc. Arch. des B.-du-R. Série B., nᵒ 1288, § IX et passim.

(2) ... Sequitur de nobilibus, et primo domina Barrassia de Scala. Petrus de Sancto juergio. Item habet ibi dominus prior de Mandanoysio ratione prioratus octo homines. — Enq. sur l'aff. Arch. des B.-du-R. Série B., reg. 1161, fᵒ 4. D'après cette enquête, il y a à l'Escale 22 affouagés, non compris les nobles, 11 indigents, dont un seul n'a rien. Sont regardés comme indigents ceux qui ont moins de dix livres d'affouagement.

Barras, qui épousa plus tard Bonnet de Bayons, et au nom de laquelle, Guillaume Matheron dut prêter hommage en qualité de tuteur en 1410(1).

Nous devons maintenant interrompre la succession qui nous occupe pour parler de la branche des Montorsiers de Jarjayes, co-seigneurs de l'endroit. Nous suivrons la co-seigneurie des Montorsiers dans les diverses mains qui la possédèrent, jusqu'à ce que nous l'ayions ramenée dans celles de Pierre de Marcoux, qui, par le fait de l'adjonction de la co-seigneurie des Montorsiers, devint seigneur universel du pays.

§ X. Raimbauld *dit* Flote de Jarjayes

Armoiries des de Flotte : *Loçangé d'argent et de gueules au chef d'or.*

La famille de Flotte de Jarjayes possédait à l'Escale certaines parties de la juridiction, ce qui avait fait donner à ses membres le titre de co-seigneurs du lieu. Nous lisons en effet dans la pièce 1288 des Archives des B.-du-R. que « Flote de Jarjayes fict et « presta homaige de ladicte conseigneurie place droictz « et biens qu'il avait audict Escalle et son terroir au « syr conte et contesse de Prouvence. »

§ XI. Claude de Montorsier *dit* Flote de Jarjayes

Armoiries des Montorsier : *D'açur à un cerf passant d'or et un chef d'argent chargé de trois roses de gueules pointées de sinople.*

Noble Claude de Montorsier, dit Flote de Jarjayes, fils de Raimbauld, co-seigneur de Jarjayes, était co-

(1) La Galinière, B., 709.

seigneur de l'Escale en 1420.

Cette co-seigneurie consistait en une partie de la directe, de la juridiction, des censes, services et droits sur les hommes dans le village et terroir de l'Escale. Il est à présumer que ces droits n'étaient pas très étendus, puisque Claude de Montorsier vendit le tout pour la somme de 120 florins à noble Elzéar de Buxy de Sisteron, le 8 juillet 1429, par devant Guillaume Arpilhe, notaire (1).

§ XII. Elzéar de Buxy

Noble Elzéar de Buxy, de Sisteron, devint co-seigneur de l'Escale par l'acquisition qu'il fit des droits de Claude de Montorsier, pour la somme de 120 florins, ainsi que nous venons de le dire. Il dut mourir bientôt après avoir fait cette acquisition, car, une charte que nous avons extraite en entier des Archives des Bouches-du-Rhône, nous apprend que le 18 février 1429, 8e indiction, maître Jean de Quinson, notaire, agissant comme demandeur au nom de noble Esparrone, veuve et tutrice des enfants et héritiers de noble Elzéar de Buxy (2), sollicita des maîtres rationaux le lods et l'investiture de la vente faite par Claude de Montorsier à Elzéar de Buxy. Louis Guirari, docteur es-lois et André Botaria, docteur es-décrets, maîtres rationaux de la cour royale, après informations sérieuses, confirmèrent à maître Jean de Quinson, agissant au nom que dessus, la susdite

(1) Arch. des B.-du-R. B. 905, f° 4.
(2) ... nobilis Sparrone relicte ac tutricis liberorum ac heredum nobilis Elziarii Buxy. Ibid.

vente et tout ce qu'elle comprenait (1), lui conférant le pouvoir de vendre et d'aliéner, sauf toujours les droits de la cour, qui pourra, dans l'espace d'un an, retenir s'il lui plait, ladite acquisition au même prix, soit 120 florins. Jean de Quinson paya dix florins pour droit de lods et dix gros pour arrière-lods ; l'acte fut passé dans le trésor royal des chartes d'Aix.

Mais Jacques de Montorsier, fils et héritier universel de Claude, éleva des difficultés sur la légitimité de la vente faite par son père, prétendant que « son « dict père avait esté leze et endomaigé a ladicte van-« dition *ultra dimidia justi precii* ». Buxy, pour faire cesser toute contestation, lui céda une certaine somme d'argent outre et par-dessus le prix d'achat, moyennant quoi Jacques de Montorsier ratifia et approuva la vente (2).

§ XIII. Antoine de Buxy.

Noble Antoine de Buxy était fils et héritier universel d'Elzéar de Buxy ; il fut donc co-seigneur de l'Escale au même titre que son père. Mais il ne garda pas longtemps l'héritage paternel, car bientôt « il « vandist cedist et remict ladicte conseignorie avec le « mère impère et autres biens et droictz dudict Es-« calle et son terroir à damoyselle Janniete Lurde, « femme de Pierre de Marques, aussi conseigneur du-« dict Escalle (3) »

On se souvient qu'en parlant de Barrasse de l'Es-

(1) ... investientes dictum actorem de rebus predistinctis, cum eo jure forma et modo quibus possunt rationabiliter et de jure per pollicem ut est de moris. Ibid.
(2) Arch. des B.-du-R. Série B., 1288, art. xvii.
(3) Arch. des B.-du-R. Série B., 1288, art. xviii.

cale, nous avons dit qu'elle céda ses droits et ses biens à Jean de Marcoux, son neveu. Voici maintenant que les biens possédés autrefois par la famille Montorsier arrivent pareillement à la famille de Marcoux, par l'acquisition qu'en fait Jeanniete Lurde, et que par suite, cette famille va posséder la majeure partie sinon la totalité de la seigneurie.

§ XIV. Jean de Marcoux.

Barrasse de l'Escale avait cédé par donation et par testament la co-seigneurie à Jean de Marcoux, son neveu, qui était seigneur des Dourbes. Quelque temps après être entré en possession de l'héritage de sa tante, la reine Marie de Sicile, comtesse de Provence, mère et tutrice du roi Louis, voulant reconnaître les services rendus par Jean de Marcoux à la cour royale avec *si grands despens travaulx et grands périls de sa personne,* lui octroya par lettres patentes du 1er août 1393 « la mere mixte impere et juridiction et aultres « droictz quelzconques que la cour royale pouvait « avoir audict chateau de Lescalle et en son terroir « avecques ses homes et services et droictz (1) ».

Plus tard, Jean de Marcoux nia avoir jamais *impétré* lesdites lettres de don, prétendant, du reste, que c'eût été peu récompenser ses services, que de lui donner des droits valant à peine huit sols coronats environ (2). Quoiqu'il en soit, nous savons que, dès avant 1393, et plus tard, Jean de Marcoux était co-seigneur de l'Escale en vertu de la donation de Barrasse et de celle de la reine Marie.

(1) Arch. des B.-du-R., 1288, art. I.
(2) Arch. des B.-du-R. B., V. Armorum. f° 25.

§ XV. Galeas de Marcoux.

Noble Galéas de Marcoux, qui fut syndic de la ville de Digne, avec Jean de Rochas, succéda à Jean de Marcoux dans la co-seigneurie de l'Escale. Le 1er septembre 1419 il comparait par devant noble Donat de Rosset, secrétaire royal et prête hommage pour Digne et pour diverses seigneuries parmi lesquelles se trouve l'Escale, dont il se dit seigneur majeur. ... *primo pro majori parte ut dominus de scala* (1).

§ XVI Pierre de Marcoux.

Pierre de Marcoux, fils de Galéas de Marcoux, succéda à son père dans la co-seigneurie de l'Escale. Il épousa Jeanniete de Lurde, qui acheta à Antoine de Buxy sa part de seigneurie, et devint, par ce fait, seigneur universel du pays (2).

A la date du 25 mars 1457, il passa une transaction avec les habitants de l'Escale, par laquelle la communauté s'engagea à lui payer une cense annuelle de 189 florins, revenant à 37 écus trois livres 48 sols pour la censive du four et le droit de cavalcade à raison de douze florins six sols six deniers une obole (3).

(1) Arch. des B.-du-Rh. B. 770.

(2) Vers le commencement du xve siècle la famille de Magnan vint de Bayons aux Mées et posséda, durant quelques années, une faible portion de la seigneurie de l'Escale; nous en avons pour preuve un cartulaire d'Antoine de Châteauneuf, notaire aux Mées, contenant certaines reconnaissances des habitants de l'Escale en 1443, en faveur de Magnan, et le dénombrement et hommage fait par Bertrand de Magnan, co-seigneur de l'Escale. 26 février 1471. Vide La Galinière, 16 f° 119.

(3) Les florins de la cavalcade étaient provençaux, ne valant par conséquent que 16 sols provençaux ou 12 sols tournois. Cette transaction fut renouvelée dans les mêmes conditions le 21 octobre 1567.

Jeanniete Lurde et Pierre de Marcoux instituèrent pour leur héritier universel Auzias Amalric qui leur succéda à tous deux dans leurs droits seigneuriaux.

§ XVII. Auzias Amalric.

A la mort de Pierre de Marcoux et de Jeanniete de Lurde, Auzias Amalric, de l'importante maison des Amalric de Digne, réunit sous sa main toute la seigneurie de l'Escale, « se dict et nomyna héritier d'icel-« lui Pierre et de ladicte Jeanniete Lurde, et tint et « posséda sa vie durant continuellement et paysible-« ment ladicte seignorie de lescalle et son terroir avec-« ques le mere mixte impere, haulte moyenne juri-« diction et aultres droictz seignoriaulx et biens tout « ainsin que en avayent joy et usé lesdicts Pierre et « Jeanniete paysiblement (1) ». Il eut deux fils, Pierre et Louis.

§ XVIII. Pierre Amalric.

Dans le partage des biens laissés par leur père, Pierre Amalric garda pour lui la place et seigneurie de l'Escale, avec haute, moyenne et basse juridiction, et tous autres droits seigneuriaux. N'ayant pas eu d'enfant, il institua pour son héritier universel, messire Loys Amalric, son frère qui était d'église, et mourut vers le commencement de l'année 1539 (2).

§ XIX. Louis Amalric.

Louis Amalric, qualifié dans les actes du temps *reverendus et generosus dominus*, protonotaire apos-

(1) Arch. des B.-du-Rh. B. 1288, xxii.
(2) La pièce des Arch. des B.-du-R. Reg. 760, fo 21, datée du 23 mai 1539, dit en parlant de lui « ... novissime vita functi. »

tolique, succéda à son frère comme seigneur de l'Escale. C'est en qualité de nouveau seigneur qu'il prêta hommage et serment de fidélité entre les mains des maîtres rationaux le 23 mai 1539. Dans le procès-verbal, il déclare prêter hommage pour le fief noble, le château, le domaine et la seigneurie de l'Escale avec tous les droits et revenus y afférents, la juridiction etc., le tout lui revenant comme frère et héritier de Pierre Amalric récemment décédé. Il rend hommage également pour la part et portion qui lui revient à son tour *(vice suo tempore)* sur le droit de leydes, de cosses, des fours et autres droits qui lui appartiennent dans la ville de Digne(1).

Il ne paraît pas qu'à l'époque dont nous parlons (1539), il y eût à l'Escale un co-seigneur qui partageât sa juridiction; tout au contraire, Amalric nous paraît être le seul et unique seigneur du pays, si nous en jugeons par la teneur du dénombrement qu'il fit de sa seigneurie par devant nos seigneurs tenant la cour, et dont nous extrayons ce qui suit : « C'est le « dénombrement que mect et baille par devant vous, « etc., etc..., premièrement, tient et possède ladicte « place et seigneurie dudict lieu de l'escalle *entière-* « *ment* et pour le *tout* avecques la mere et mixte im- « père, haulte moyene et basse juridiction avec droictz « de tasque, droictz de fours et molins, passage, pul- « vérage, loz et ventes, trezen et aussi droictz de « péage mesme depuis huict jours auparadvant la

---

(1) C'est à genoux et les mains jointes qu'il prêta hommage devant les maîtres rationaux ... flexis génibus et junctis manibus... prestitit homagium ligium et fidelitatis debite ad sancta Dei evangelia interveniente oris osculo juramentum. Arch. des B.-du-Rh., reg. 760, f° 21.

« feste de N^{tre} Dame demy août jusqu'à la feste de
« N^{tre} Dame et au moys de septembre, droictz de ré-
« galles avec faculté de bailler la terre gaste et aultres
« droictz seigneurialx, censes, services, etc., etc., (1). »

Louis Amalric eût à défendre devant les commissaires de la réunion au domaine, certains droits attachés à la seigneurie de l'Escale et que le procureur
voulait réunir au domaine du roi. Ce procès donna
lieu à une défense où sont exposées, en 46 articles,
les causes d'opposition (2). Après avoir donné le nom
des principaux seigneurs de l'Escale, il expose que, à
l'instar de ses prédécesseurs, « il tient à l'Escale plu-
« sieurs hommes subjectz lièges et homageables avec-
« ques censes, services, tributs, directes, loz et ventes,
« droictz de peaige, passaige (3), pulveraige, ripayge,
« fors, molins, tailhes, lesdes, tasques, vingtains, ga-
« renes et droictz de chasse, etc., etc., qu'il possède
« toute la terre gaste et non cultivée, laquelle nul ne
« peult prendre ny possedder sans sa volonté et con-
« get... qu'il est en possession d'avoir et de tenir au-

(1) Mére et mixte impère signifie juridiction pure et mélangée,
correspondant à la juridiction criminelle et à la juridiction civile. Quant à la haute, moyenne et basse juridiction, on peut
dire qu'il n'y a point de règles certaines, communes et générales
qui les différencient, principalement la moyenne et la basse juridiction. On a taché d'accommoder ce qui est de la haute justice
à la puissance que le droit romain appelle *merum imperium* et
jus gladii; la moyenne aux fonctions qu'il attribue au *mixtum
imperium* et la basse justice à la simple juridiction, quoique ce
rapport ne soit pas entièrement conforme, et que la vraie et es-
sentielle signification de ces termes ait péri avec la république
de Rome.

(2) Cette pièce datée du 19 mars 1511, sera transcrite aux
pièces justificatives.

(3) Cette mention nous étonne : car l'Escale faisait partie des
terres baussenques.

« dict lieu et son terroir officiers pour l'exercisse de
« la haulte basse et moyène jurisdiction, tant en ma-
« tière criminelle que civile, tant encontre les estran-
« gers que tous autres assavoir juge, baille, notaire,
« sergent, etc..., qu'il a toujours exercé effectuelle-
« ment ladicte juridiction quand besoing était et faict
« fère proclamations et cryes tant annuelles que aul-
« trement sur les commands et privés que le cas le
« requiers et tous autres commandements et inhibi-
« tions nécessaires... qu'il est en possession et joys-
« sance de avoir et tenir audict lieu et terreoir par
« les moyens que dessus fourches, aultrement gibect
« et ung pillory avecques troys branches au dessus
« aveques crochetz et aneaulx de fer a l'entour et aux
« murailhes de la ville, de y avoir et tenir ung collier
« de fer pour exequter les cryminels et malfaiteurs
« condempnés a mort ou autrement... qu'il n'est mé-
« moire du contrere et sans contrediction... que les-
« dictes fourches, gibect, pillory et collier sont en-
« seignes et font demostration de mere mixte impère,
« haulte basse et moyene jurisdiction, etc., etc. (1) »

A la suite de ce mémoire, Louis Amalric institua
maitre Genesii son procureur, par acte du 4 avril 1544;
il lui donna pouvoir « de poursuyvre toutes ses causes
« meues et a mouvoir avec puissance de substituer,
« appeller, renuncer et acquiescer, eslisant son domi-
« cile en la propriété et mayson dudict Genesii en
« forme (2) ».

Vers cette époque éclatèrent les guerres de religion
qui désolèrent la province et particulièrement nos
pays. L'Escale dût à sa position stratégique d'y jouer

---

(1) Arch. des B.-du-Rh. Série B., nᵒ 1288.
(2) Arch. des B.-du-Rh. Série B. Reg. 1327, fᵒ 240.

un certain rôle que nous ne saurions passer sous silence; le village fut successivement pris par les religionnaires, repris par les catholiques, pris de nouveau par les protestants et, après bien des péripéties sanglantes, vit enfin ses fortifications rasées et son château féodal complètement détruit. Reprenons, en quelques mots, le cours de ces événements en suivant l'ordre chronologique :

Sommerive, fils aîné du comte de Tende et son associé dans le gouvernement de la Provence, s'était mis à la tête des catholiques et poursuivait son père qui appartenait à la religion réformée, couvrant sous les dehors des intérêts religieux et politiques la sourde inimitié qui les divisait. Le comte de Tende s'étant réfugié à Sisteron, Sommerive l'y poursuivit et, après avoir pris Lurs, Ganagobie. etc., (7 juin 1562), vint assiéger la ville; mais la longueur et la difficulté du siège, le manque de vivres, la nouvelle de la défaite des catholiques à Valréas, obligèrent Sommerive à se retirer. Il laissa donc un corps d'observation devant la ville et transporta son camp de l'autre côté de la Durance et à quelque distance de Sisteron. Au premier vent de cette manœuvre, nous dit de Laplane (1), Mauvans, capitaine du comte de Tende, se mit à la poursuite des catholiques qu'il atteignit à l'Escale. Entraîné par son ardeur naturelle, il se précipita au milieu de l'arrière-garde, reçut un coup de pistolet à la cuisse, et s'échappa avec peine des mains du robuste Gaucher de Ventabren qui brûlait de se mesurer avec lui... Dans cette rencontre, qui eût lieu dans la plaine de l'Escale, les catholiques firent une perte sensible dans la personne de Philibert de Castellane, seigneur

(1) Hist. de Sisteron par Ed. de Laplane, t. II, p. 54.

de la Verdière, officier de cavalerie d'un rare mérite, qui trouva la mort dans un combat singulier où il s'engagea contre Mauvans et de Grasse-Dubar.

En 1567 le village de l'Escale fut pris par les religionnaires. Le comte de Carces, qui suivait la rive gauche de la Durance, comprenant tout le parti qu'il pouvait tirer de la position stratégique de ce pays pour empêcher l'ennemi de communiquer avec le gros de l'armée, y fit construire des murs d'enceinte et des fortifications dont on voit encore les traces. Mais en mars 1568, les calvinistes le reprirent de nouveau, et après avoir reçu les catholiques à composition, les mirent presque tous au fil de l'épée, nous dit Louvet, menant prisonniers le capitaine Turris et son fils dans Sisteron, où ils les firent mourir à sens froid (sic)(1). Ce fut au cours de cette attaque que les calvinistes incendièrent le château de l'Escale et l'église de Mandanois. Lorsque le roi fit la paix avec les huguenots, Sisteron ayant été remis au comte de Tende (7 mai 1568), l'Escale passa sous l'obéissance du roi.

Cette paix ne fut pas de longue durée. Les protestants se réfugièrent bientôt dans cet espèce de repaire, y établirent leur cantonnement; et nous voyons qu'après la prise de Riez par le maréchal de Retz le 4 décembre 1574, alors que toute la Provence était réduite sous le service du roi, les religionnaires ne purent être expulsés de Seyne ni de l'*Escale qui était de difficile situation*(2). Ce ne fut qu'en mai 1575, que le comte de Sault, qui faisait partie de l'armée du cardinal d'Armagnac, étant parti d'Avignon pour venir en Provence y commander la cavalerie, l'Escale et Es-

(1) Louvet, I, 243.
(2) Louvet, I, 287.

pinouse reconnurent définitivement le roi et se rendirent (1).

Louis Amalric ne résidait pas à l'Escale mais faisait
son séjour ordinaire à Digne. Nous ne saurions pré-
ciser l'époque de sa mort; nous savons qu'il institua
pour son héritier François Amalric, chanoine de la
cathédrale de Digne. Les membres de cette famille
possédèrent pendant longtemps encore des propriétés
à l'Escale, à titre de forains.

Après eux, la seigneurie passa à la famille de Matheron qui avait possédé les terres de Salignac (1490), de
la Pérusse (1510), etc., et dont un membre épousa
une nièce du chanoine Amalric. De là vient qu'à
partir de cette époque, les Matheron qui possédèrent
l'Escale joignirent toujours à leur nom celui d'Amalric. Nous allons parler de cette famille dans les para-
graphes suivants.

§ XX. Claude Ier de Matheron Amalric.

La famille qui entre en possession de la seigneurie
de l'Escale avait fourni plusieurs hommes remarquables. Le premier dont l'histoire nous a conservé
le nom est Michel Matheron, qui fut anobli vers le
xive siècle et auquel le roi René donna la terre et seigneurie de Peynier, en considération de ses importants services (2). Son fils, Jean de Matheron fut fait
maître des requêtes ; plus tard, le roi Charles VIII le
créa juge et conservateur des monnaies, le pourvut de
la charge de grand président, le fit son chambellan et
l'envoya par trois fois comme ambassadeur en Italie,

(1) Louvet, t. I, p. 293.
(2) Arch. des B.-du-Rh. B., 12.

où le pape Sixte IV lui accorda l'autel privilégié, avec pouvoir de faire dire la messe partout où il voudrait, et la faculté de choisir tel confesseur qu'il lui plairait.

Antoine de Mathcron, chevalier de Malte, frère de Claude, dont nous allons parler, donna des preuves éclatantes de bravoure en 1567 dans l'armée catholique.

Claude Ier, fils de Jean, naquit en 1548 et fut seigneur de l'Escale après François Amalric. Le 11 mai 1628, il assigna les consuls de l'Escale et les somma de lui passer une nouvelle reconnaissance de ses droits, vrais ou prétendus, par devant Morety, commissaire. Comme il n'avait indiqué ni le jour de la comparution ni le motif de l'assignation et qu'il s'était borné à communiquer *deux ou trois fagots de parchemins et aucuns moisis capables d'amuser un demi-siècle l'esprit le plus pénétrant,* la communauté, par l'organe de son avocat, exigea que la demande fut libellée et l'emploi des pièces déclaré. Or, voici quel était l'objet de sa demande et de quelle manière ses prétentions furent combattues :

1° Le seigneur demandait reconnaissance d'une pension de 40 écus pour la censive du four. Il lui fut répondu que le contrat d'établissement de la cense ne portant pas 40 écus mais bien 189 florins, revenant à 37 écus de 3 livres pièce plus 48 sols, la communauté était prête à lui passer reconnaissance de la somme portée au contrat. Il est vrai que, par dessus et conjointement avec la censive du four, la communauté payait le droit de cavalcade énoncé dans la transaction du 25 mars 1457, passée entre la communauté et Pierre de Marcoux et qui s'élevait à 12 florins, six sols, six deniers, une obole, et que ces deux droits ajoutés ensemble constituaient une redevance de 40 écus. Il est vrai aussi que les florins de la cavalcade étant provençaux, ne valaient pas les autres ; mais la communauté n'ayant jamais payé que 40 écus pour les deux droits, elle a suffisamment prescrit tout le surplus s'il y en a ;

2º Reconnaissance du moulin qu'ils ont de lui, avec les iscles, accroissements et atterrissements dont la censive est de 16 charges de blé annuellement ;

La communauté consent à passer reconnaissance sur ce chef, mais elle fait remarquer que le seigneur a pris la censive à la mesure du pays de Provence, plus grande que n'était l'ancienne mesure stipulée dans le contrat, qui est la mesure de Sisteron de l'an 1551, et qu'ainsi, il doit rendre à la communauté ce qu'il a surexigé avec la plus-value depuis ;

3º Reconnaissance du droit de lods. La communauté ne songe pas à la lui refuser, mais elle demande qu'on en précise la cote ;

4º En vertu d'une pièce cotée G, dans son sac, datée du 2 novembre 1253, et d'un inventaire du 28 octobre 1301, il demandait qu'on lui passât reconnaissance du droit de huit setiers de blé et de huit sols en argent pour chaque paire de bœufs, ainsi que du droit de corvée à raison de deux journées. La communauté lui refusa cette reconnaissance qui, disait-elle, établirait des droits nouveaux, étant notoire que, de temps immémorial, ni lui ni les seigneurs ses devanciers n'ont prélevé ces droits ; et on lui oppose une prescription trois fois centenaire qui est sans contredit ni réplique. D'ailleurs, ajoute l'avocat, « le « titre produit est suranné, informe, nullement pro- « bant, *voire* tout défectueux et sans signature, *imò*

« sans nom de magistrat et de notaire ou greffier et
« *sic* de nulle foy ». Pour parer le chef de prescription invoqué par les défendeurs, Claude de Matheron
représente qu'en 1567-1568 le château fut pillé, sac-
cagé et les titres détruits. On lui répond assez justement que, puisqu'il a eu le moyen de prendre et de
fagoter cette communication et de ramasser ces prétendus titres, il s'ensuit qu'ils ne furent pas pillés et
dérobés, et que sa prétendue preuve est suspecte de
faux de ce chef. D'ailleurs, depuis cette époque, il
s'est écoulé 60 ans, durant lesquels le demandeur n'a
jamais élevé de semblables prétentions.

Quant aux autres pièces qui composent la communication, elles étaient pour la plupart sans signature et
sans aucun caractère d'authenticité. La communauté
lui passa une reconnaissance des droits qui lui étaient
légitimement dus, et refusa de reconnaître les prétendus droits qui étaient d'un autre âge, et dont rien ne
justifiait l'existence et la légitimité.

Claude Ier de Matheron testa le 10 avril 1628 et
institua pour son héritier universel son fils Charles,
avec substitution en faveur de Claude II et de Jean
de Matheron.

§ XXI. Charles de Matheron Amalric.

Charles de Matheron Amalric, fils de Claude Ier,
fut seigneur de l'Escale comme héritier de son père et
comme cessionnaire du sieur conseiller de Trichaud,
sieur de Saint-Martin. Il agrandit considérablement
ses domaines par des acquisitions nombreuses et importantes. C'est ainsi qu'en 1630, il acquit de nombreux fonds roturiers ; que par contrat du 3 novembre

1633, il acquit par collocation des hoirs de feu capitaine André Amalric, divers fonds et bâtiments, ainsi
que tous les biens possédés à l'Escale par Honoré
Ricoux, avocat à la cour. Quatre ans plus tard (1637),
il acheta tous les biens que la dame de Chénerilles
possédait à l'Escale; enfin, par acte du 12 janvier
1638, César Marcou lui fit donation de tous ses biens.
Par le fait de ces acquisitions, le fief de l'Escale devenait considérable et le seigneur un des plus opu-
lents de la région.

Au milieu de ces prospérités matérielles, des cha-
grins domestiques bien cuisants vinrent l'affliger. Les
registres du sénéchal de Sisteron nous apprennent
que le 31 décembre 1643, Charles de Matheron fit requête de querelle pour informer sur le crime de rapt
commis sur sa fille Jeanne de Matheron, par Pierre
Aulagnier de l'Escale. Dans l'acte d'accusation étaient
compris, outre le principal accusé, Antoine, Jean et
Honoré Aulagnier, père et fils, Sébastianne Chabotte,
femme d'Antoine et Jacques Feraud, prêtre (1). Cité
à comparoir, Pierre Aulagnier fit défaut. Le 27 janvier 1644, un arrêt rendu par la cour, porta qu'il
serait procédé extraordinairement contre lui. La
procédure se prolongea jusqu'en 1647. Cette année
Charles de Matheron présenta requête pour faire mettre dans le sac l'extrait des épousailles faites par le dit
Aulagnier avec demoiselle Jeanne de Matheron.

(1) Jacques Feraud était poursuivi comme fauteur du rapt,
ayant donné la bénédiction nuptiale; car l'ordonnance de Blois
(mai 1579), « défend aux curés et autres de marier les enfans de
« famille ou étant en puissance d'autrui s'il n'appert du consen-
« tement des pères et mères, tuteurs ou curateurs, sur peine
« d'être punis comme fauteurs du crime de rapt. »

Dès lors, le lieutenant particulier criminel déclara
« ledit Pierre Aulagnier déchu de toutes ses excep-
« tions déclinatoires, dilatoires, peremptoires ; le dé-
« clara vrai contumax et défaillant, atteint du cas et
« crime de rapt à lui imposé, pour réparation duquel
« le condamne à faire amende honorable en jour de
« plaid par devant nous teste et piedz nudz, la hart
« au col, tenant un flambeau ardant en ses mains, et
« en cest estat, demander pardon à Dieu, au roy, a
« justice et audit de Matheron son seigneur, pour
« estre après mené et traduict au lieu de l'Escale, li-
« vré à l'exécuteur de la haute justice, par luy con-
« duit au devant de la porte de l'église parrochialle
« du mesme lieu, réitérer pareille amende honorable
« et de là à la place publique pour, a une potance que
« sera a cest effect dressée estre pendu et estranglé jus-
« ques à ce que mort naturelle s'en ensuive et ou il
« ne pourra estre aprehendé sera exécuté en effegie...
« fesant droict à la requete incidente du dict Mathe-
« ron, déclare ladicte Jeanne de Matheron sa fille
« tumbée aux peines de l'ordonnance et par ce moyen
« indigne et incapable a jamais de la succession de
« ses père et mère et aieulx et de toutes autres directes
« et collatérales, ensamble les enfants qui naîtront de
« ce mariage. »

Nous ne savons si cette sentence fut exécutée dans
toute sa rigueur ; toujours est-il que les biens de Pierre
Aulagnier furent confisqués. Quant aux co-accusés,
il fut ordonné qu'il serait plus amplement informé
sur eux, et ils furent relaxés. Cette sentence fut pu-
bliée à Sisteron dans la chambre du conseil le 15 mai
1647 (1).

(1) Extrait des registres du sénéchal de Sisteron.

Charles de Matheron percevait, au même titre que ses devanciers, la cense pour cavalcade, fours et moulins stipulée dans la transaction du 21 octobre 1567. De plus, il prélevait le droit de tasque ainsi que divers cens pour droit de pacage, bucherage, etc. Afin de s'éviter la peine de faire recueillir ces impôts divers, et de n'avoir pas à supporter les pertes provenant des intempéries des saisons et de la mauvaise volonté des particuliers, le seigneur proposa à la communauté de lui céder tous ces droits moyennant le paiement annuel d'une somme convenue. La communauté fit observer au seigneur que, d'une part, toutes ses reconnaissances n'étaient pas authentiques, que quelques-unes même n'étaient pas valides par défaut de titre primordial, qu'il possédait lui-même la majeure partie des terres taxables(1); que, d'autre part, la censive que la communauté s'engageait à lui fournir serait relativement plus considérable que s'il en prélevait le double sur les particuliers, celle-ci étant casuelle, dépendant des intempéries de l'air et des mauvaises saisons et, en tout cas, exigeant des frais pour en opérer le prélèvement, tandis que l'autre serait perpétuelle, assurée et se prélèverait sans aucun frais de sa part; qu'en conséquence, le seigneur devrait se contenter d'une cense modérée et s'en rapporter à la justice et à la sagesse du conseil. Le seigneur acquiesça; la transaction passée autrefois avec Pierre de Marcoux et renouvelée avec Louis Amalric fut abolie et remplacée par une nouvelle transaction passée par devant maître Feraud, notaire royal de l'Escale,

(1) Le seigneur, déjà en possession de beaucoup de fonds roturiers, acquit encore par droit de prélation tous les biens des hoirs de Jean Martin, de la ville de Marseille, 18 février 1645.

le 18 septembre 1641, dans laquelle il fut stipulé que la communauté paierait annuellement et perpétuellement au seigneur une cense de 220 livres 18 sols pour la faculté de faire des fours, droit de fournage, droit de canal, de moulin, cavalcade, pasquage, glandage, bousqueirage et toutes sortes de censes, services et tasques.

Mais si le seigneur était exact à prélever les censes et à exiger ses droits, il l'était moins à payer les tailles de ses terres roturières à la communauté. Sommé plusieurs fois de se soumettre sur ce chef à la loi commune, il refusait ou atermoyait, et l'on dut, à plusieurs reprises, notamment le 30 août 1642, lui saisir une partie de ses récoltes (1).

La communauté qui se félicitait de s'être soustraite aux vexations des rentiers de la tasque en payant une rétribution annuelle au seigneur, désirait s'affranchir par le même moyen des vexations et des exigences des rentiers de la dîme, et, moyennant une somme convenue, laisser aux particuliers la totalité de leurs récoltes. L'occasion se présenta de réaliser ce désir : le 24 février 1645, le prieur offrit à la communauté ce mode d'arrangement. Qui le croirait ? le seigneur s'y opposa d'une manière formelle, sous le prétexte : 1° qu'on avait conclu le marché sans prendre son avis et avoir son consentement quoiqu'il y fut le plus intéressé, *possédant quasi un tiers du terroir soit en fief noble soit en fonds roturier ;* 2° « que les adminis- « trateurs qui ont toujours mal géré, voudraient par « le moyen dudict arrentement, s'enrichir aux dépens

_____

(1) Le 30 août 1642, le trésorier fit saisir au seigneur tous les grains récoltés à sa campagne roturière de Chabimond.

« de la pauvre veuve et de l'orphelin ». Cette opposition, assez mal fondée, fut cause que la communauté ne put pas affermer le prieuré.

Les forains, assez nombreux à l'Escale, constitués en syndicat, refusaient obstinément de payer à la communauté les 26 livres pour affaires négotiales (1). Pour les y contraindre, celle-ci s'avisa de leur interdire l'usage de l'eau du canal, du four, du moulin, et du paturâge aux terres gastes. Le seigneur représenta aux consuls qu'ils ne pouvaient maintenir cette interdiction qui était un excès de pouvoir, et que tout au plus pouvaient-ils leur interdire la fontaine du torrent des Cléments. Délib. du mois d'avril 1645.

§ XXII. Claude II de Matheron.

Claude II, fils de Charles de Matheron, reçut l'héritage de son père par bénéfice d'inventaire. Quoiqu'il fut possesseur d'un fief important et d'un grand nombre de terres roturières, sa situation pécuniaire n'était pas florissante, et déjà commence à se faire sentir le mouvement de décadence qui, en quelques années, va

---

(1) Suivant la déclaration des Etats de Provence du 20 décembre 1607, sont réputées charges négotiales : les gages du maître d'école, du chirurgien, de la sage-femme, du garde en temps de peste... les horloges publiques, cloches, réparations à la nef de l'église, gages du prédicateur, fontaines, etc. Les forains prétendaient ne pas y être tenus. Un arrêt du conseil, du 23 juin 1606, enleva toute différence entre les forains possédant biens et les habitants, et établit que tous propriétaires d'héritages roturiers, domiciliés ou forains, seraient soumis à contribuer aux tailles négotiales concernant la commodité des habitants comme à celles qui concernent l'utilité du fonds ; les forains furent dès lors obligés de contribuer à tous les capages établis pour suppléer à la taille ou en procurer la diminution. Stat. de Prov. t. II. p. 373.

conduire fatalement cette importante maison à sa
ruine. La vie de ce seigneur n'est qu'une série lamen-
table de saisies, d'emprunts, d'expédients, qui font
enfin passer la seigneurie en des mains étrangères par
des morcellements successifs.

On se souvient qu'en 1637, Charles de Matheron
avait acheté tous les biens que la dame de Chénerilles
possédait à l'Escale. Il paraît que ces biens n'avaient
pas été payés ; car, le 23 février 1648, Lucrèce de Villeneuve, dame de Chénerilles, fit arrêter entre les
mains des consuls la cense annuelle de 220 livres due
au seigneur. Sommé d'autre part, de payer la taille de
ses terres roturières (27 août) et n'ayant pas de fonds,
il prétexta que le trésorier n'avait pas encore donné
son compte et le somma à son tour d'avoir à lui payer
le montant du droit de lods pour les collocations faites
par Claude Feraud sur les fonds de certains particuliers. On ne goûta pas son excuse et on lui répondit
en lui faisant saisir dix charges et demie de blé que lui
payait annuellement Philippe Barlet, et onze charges
un sestier que lui payait un autre particulier.

Vers le milieu de l'année 1649, des bandes de pico-
reurs et de gens sans aveu parcouraient la région s'em-
parant des fermes, assiégeant les châteaux, répandant
la terreur partout. Le 24 juin 1649, Claude de Matheron requit le conseil de lui fournir six hommes capables de porter les armes tant de jour que de nuit pour
garder son château « qui est grandement considérable
« et nécessère pour le service du roy apreandant quon
« ne sen saisisse comme on a faict d'un passage au
« dessous icelluy appele la Baume sans son sceu ni
« consantement ne sçachant a quel dessain et mesme
« qu'on sest saisy d'aultres chasteaux et en cas de ref-

« fus desclaire poursuyvre les consuls au nom de la-
« dicte communaulté et les faires desclairer criminels
« de laise majesté. » Obtempérant à cette réquisition
que justifiaient suffisamment les troubles dont nous
avons parlé, le conseil fit garder chaque nuit le château par six hommes, à capage, à partir du coucher du
soleil ; il fut réglé « que les défaillants au capage se-
« raient contraints de douze sols et que les femmes
« vesves sans enfans manderaient un homme de deux
« en deux sans sallaire. »

Etienne de Régis, conseiller du roi au siège de
Digne, créancier de Matheron, lui réclama le paiement de sa créance. Le seigneur qui ne se trouvait
pas en mesure de le satisfaire lui fit un acte par lequel il l'autorisait à prendre chaque année, des rentiers de son moulin, dix-neuf charges de blé (28 octobre 1652); mais comme il avait soin de prendre lui-
même ce blé avant qu'on l'enlevât, le sieur de Régis
dut se faire colloquer plus tard sur les immeubles de
Claude et sur un quinzième de la juridiction.

François Sigoin, de Sisteron, autre créancier, ne
pouvant pas mieux que ses consorts, rentrer dans ses
fonds, fit saisir à son tour la cense seigneuriale de
220 livres que la communauté payait à Matheron.
En vain ce dernier fit sommer la communauté d'avoir
à ne payer qu'à lui cette cense (11 janvier 1660), et
de ne pas se présenter sur l'assignation que Sigoin
lui avait faite au parlement de Grenoble; les consuls
craignant la contrainte par corps, payèrent la cense à
Sigoin (15 février 1660).

Voici maintenant ce puissant seigneur réduit à emprunter à la communauté, et commençant à démem-
brer à son profit le domaine seigneurial. Nous le

voyons demander au conseil huit pistolles pour son
fils le sieur de Taillas qui veut aller à Aix voir le
roi ; la communauté les lui prête mais lui fait désemparer la terre et bastide qu'il possède à la Palud (1).

Ici se place un fait que nous lisons dans les archives
municipales et qui, à raison de son caractère et de la
qualité des personnages qui y prirent part, nous parait mériter d'être livré à l'appréciation du lecteur. La
délibération du conseil du 24 août 1660, nous apprend que pour satisfaire les créanciers qui voulaient
être remboursés, la communauté envoya quelques
hommes à Sisteron afin d'y emprunter de l'argent.
Damoiselle Berbe de Geoffroy consentit à leur prêter
600 livres et remit sur cette somme un a-compte de
65 écus à Pierre Clément, un des délégués ; « et
« comme Pierre Clament se retirait dudict Sisteron,
« estant arrivé au terroir de ce lieu quartier du Bour-
« guet, il serayt esté rencontré du sieur de Bessudun
« (Besaudun), de deux enfants de la dame du Poil
« qui habitent les Mées et de de La Tour qui habite
« en ladicte ville, lesquels par force et viollance vol-
« lere ladicte somme de 65 escus sur quoy ledict Cla-
« ment en pourta sa plainte aux consuls, et comme
« il se trouve que le roy vint en ceste province, ledit
« sieur de Bessudun et le sieur de Taillas, son frère,
« auraient fait pressentir aux consuls moudernes que
« sy lon leur prestait quinze pistolles pour aller voyr
« le roy qui estait en la ville d'Aix, ils feraient dé-
« semparer du bien à leur père tant pour ce qui fut
« pris audict Pierre Clament que pour les quinze pis-
« tolles qu'on leur presterait sans que du despuys ils

(1) Acte reçu par Me Feraud, notaire à l'Escale.

« aient degné satisferre. Au contrère ils vinre en ce
« lieu dernierement a compagnie dudict du Poil et
« d'un nommé Clarensy de Vanlassolle ou estant for-
« sarre vingt cinq ou trente particulliers a signe une
« promesse disant que lesdicts particulliers avait em-
« prunté audict Clarensy la somme de cent livres qui
« ont promy lui randre dans trois jours prochains,
« et estant passes lesdicts jours, lesdict Clarensy Bes-
« sudun et du Poil serait revenus en ce lieu comme
« chascun set et par force et viollance ont exigé des-
« dicts particulliers ladicte somme de 100 livres et
« non contants de tout cella ces jours passés tous les-
« dicts serait revenus en ce lieu de nuit ou estant ils
« ont enleve Marcellin Bellon sa fame et sa fille et
« que du depuy on ne sait plus ce qu'ils sont devenus
« et non satisferre de tout ce que dessus Dimanche
« du soir sur la mienuit ils serait revenus en ce lieu
« ou estant accompagnés de dix ou douze autres ils
« abourdarre la maison de Jean Alhaut a feu Claude
« et par force et viollance ils ont fracase et rompeu
« la porte de lad maison et estant antres dans ycelle
« ils ont ataché ledict Alhaut sa fame a ceste fin
« qu'ils (puissent) mieux voller lad maison et que
« ledict Alhaut ne puise point apeler ces voisins a son
« secours ayant dont anlleve de lad maison vingt cinq
« charges de bled ou anviron et beaucoup d'aultres
« mubles de grande valleur ce que ne se doibt soffrir
« et dautant que cella est la cause que plusieurs
« particulliers sont oblige de desabiter atandu les
« volles sur le chemin royal ou dans leurs maisons ou
« a leur bestiaux assemblant donc le presant conseilh
« pour y delliberer sur le tout (1) »

(1) Arch. municip. Reg. des délib., p. 272-273.

On ne dit pas le genre de répression que Claude de Matheron infligea à ses fils, le sieur de Besaudun et le sieur de Taillas, qui comprenaient et pratiquaient si bien le respect de la propriété et la protection qu'ils devaient aux vassaux de leur père.

Le 12 décembre de cette même année, il fit de nouvelles tentatives pour retirer la cense seigneuriale mais toutes ses injonctions à la communauté étaient désormais regardées comme non avenues; la seigneurie lui échappait des mains par lambeaux et ce n'était qu'au moyen d'expédients et d'emprunts à la communauté qu'il subsistait, lui et sa famille, tous ses revenus étant saisis d'avance. Tantôt c'est le sieur de Taillas qui voulant se rendre à Paris pour faire liquider le prétendu héritage du sieur de St-Vincent, son oncle, emprunte 150 livres au conseil (10 sept. 1662); tantôt c'est le sieur de Besaudun qui, sous prétexte d'aller à Grenoble pour faire casser la transaction passée entre son père et Sigoin « chose grandement utile à la communauté » lui réclame l'avance de 300 livres (14 janvier 1663). La communauté qui avait plus de crédit que son seigneur, empruntait ces diverses sommes et les lui avançait, non toutefois, sans prendre les assurances et les hypothèques de droit, et elle entrevoyait déjà le moment prochain où la ruine inévitable de son seigneur lui rendrait la franchise, et ferait passer dans ses mains tous les droits féodaux. En effet, ces divers prêts multipliés, joints aux arrérages de taille, constituaient en 1679 la somme importante de 9963 liv. 2 s. 11 d. que Claude de Matheron fut condamné à payer à la communauté par arrêt de la souveraine cour en date du 30 mai 1679. Le 17 août les consuls lui firent adresser un commandement, et sur son refus de payer, on le fit saisir jusqu'au 1er et 2me encan. Claude de Matheron refusa les estimateurs qui, d'après lui, étaient suspects ; il croyait, par ce subterfuge, échapper à la fatale nécessité, ou tout au moins gagner du temps. Les consuls obtinrent un décret en vertu duquel on pouvait prendre les estimateurs jeunes ou vieux des lieux voisins pour procéder à l'estime des biens. Georges Gauthier et François Guigues, estimateurs jeunes de Volone, furent requis de venir procéder ; Matheron refusa les jeunes parce qu'ils étaient ignorants et les vieux parce qu'ils étaient suspects, étant taillables à l'Escale. Fatigués de ces subtilités captieuses qui déguisaient trop mal un mauvais vouloir avéré, les consuls firent signifier à Matheron par Morety, officier royal de Volone, d'avoir à leur dire quels estimateurs de Malijai, de Château-Arnoux, de Mirabeau, de Sourribes, ne sont pas suspects et quels on peut prendre. Le seigneur n'attendit pas la signification de cette sommation (21 décem. 1679) et la communauté passa outre. Nous devons interrompre ici la généalogie et l'histoire de la seigneurie des Matheron, pour nous occuper des nouveaux co-seigneurs qui viennent se substituer à eux à l'Escale.

§ XXIII. François Sigoin.

ARMOIRIES — D'azur à une cigogne d'argent tenant en son bec un serpent du même. (Alias) d'azur à une cigogne d'argent sur un marais au naturel. (Alias) d'azur à une cigogne d'argent.

François Sigoin, fils de Gaspard Sigoin, époux de dame Hippolyte Lantois, était un riche bourgeois de

Sisteron qui devint en partie seigneur de l'Escale;
voici de quelle manière :

Matheron lui avait emprunté à différentes reprises
et par obligations ou contrats, des sommes s'élevant à
un total considérable. Comme son débiteur n'était en
mesure de lui payer ni le capital ni les intérêts, Sigoin
s'offrit à prendre à ferme la terre de l'Escale. Le contrat
fut passé le 8 novembre 1645 pour une période de six
ans à raison de 1545 livres par an. (1) Sigoin espérait
par le moyen de cet arrentement, rentrer peu à peu
en possession de son dû, en gardant par devers lui à
titre de remboursement, la rente stipulée dans le bail.
Mais le sieur de l'Escale avait la précaution de faire
enlever furtivement par ses domestiques les récoltes
des terres arrentées à Sigoin; il eut même l'audace de
mettre un sous-fermier, qui fut Sauvaire Avril. Sigoin
ainsi troublé dans sa jouissance, intenta un procès
à Matheron, procès qui fut évoqué au parlement
de Grenoble, parce que le sieur de l'Escale avait
une grande parenté à Aix. La cour de Grenoble
donna gain de cause à Sigoin. Claude de Matheron,
après avoir fait sans succès, diverses instances à Sisteron et à Forcalquier, comprenant bien qu'il serait
toujours condamné, pria Sigoin de s'en remettre à
une liquidation qui serait faite par noble Pallamède
du Virail, sieur de Vallée, lieutenant du roi et gou-
verneur de la citadelle de Sisteron, assisté de Claude,
prieur d'Aubignosc, et de Gaspard Bermond, écuyer.

(1) A l'occasion de cet arrentement, les pénitents gris de Sisteron, les religieuses de Ste-Marie de Digne, les pères augustins
de Valensole, François Régis et autres créanciers de Matheron,
craignant de voir leurs créances perdues, voulurent faire opérer
une saisie; mais Sigoin les attaqua pour trouble et violence
dans la jouissance de sa ferme.

Cette transaction, passée à Sisteron dans la maison de Latil Louis, notaire, le 30 août 1656, et enregistrée le 11 janvier 1657, établit : que Matheron est redevable à François Sigoin de la somme de 12000 livres : Cette somme devra être payée dans l'espace d'un mois, faute de quoi, il sera permis à Sigoin de faire vendre à l'encan public et par un seul exploit, pour le payement de la susdite somme : 1° la cense de 200 livres en capital, due par la communauté au seigneur ; 2° le fief, droit de lods et trezain, fonds nobles du domaine de l'Escale *sans autre figure de procès.* Charles de Matheron, fils émancipé, accepta l'accord. Le terme échu, Matheron ne fut pas en mesure de tenir ses engagements. Sigoin sollicita des lettres patentes du roi, l'autorisant à faire vendre le fief avec tous les droits y afférents. Ces lettres ayant été obtenues le 15 février 165-, dès le 27 du même mois, Roux, huissier de la sénéchaussée de Sisteron, se rendit à l'Escale pour signifier au seigneur l'arrêt obtenu et donner huit jours pour satisfaire, passé lesquels tout serait vendu.

Après six ou sept proclamations faites à son de trompe dans la ville de Sisteron « qui voudrait enché- « rir la cense, fief, mère et mixte impère droits de lods trézain etc. », plusieurs enchérisseurs se présentèrent. Antoine Tourniaire offrit 6000 liv ; Antoine Bougerel, notaire à St-Geniez en offrit 6800 ; Louis Tartonne, bourgeois, 7200, Gaspard Bermond, écuyer, 8000 liv. ; noble Louis de Laidet alla jusqu'à 8500 liv., mais Sigoin alla jusqu'à 12000 livres, et personne n'ayant renchéri, il lui fut fait, sur la place de Sisteron (20 Av. 1657) la délivrance de la cense, lods au denier douze de tous les biens fonds, leydes, péages et pulvérages, le quinzième de la haute moyenne et basse

juridiction, mère et mixte impère, avec droit d'institution et de destitution. Le 5 Mai suivant, l'huissier
chargé de signifier l'exploit de délivrance à Matheron,
se porta avec ses témoins, au logis du Lion d'or où
se prélevait le droit de péage, pulvérage, leydes, et
parlant à Antoine Feraud, rentier du logis et des droits
seigneuriaux, lui enjoignit au nom du roi d'avoir à
ne pas troubler Sigoin dans la jouissance des droits
nouvellement acquis par lui. Malgré cette injonction
officielle, Matheron fit son possible pour escroquer
les droits de pulvérage, de péage et autres; ce qui obli-
gea Sigoin à porter sa plainte au roi, qui défendit à
Matheron de rien percevoir des droits sus-indiqués
sous peine de 1000 livres d'amende.

Arrêté de ce côté, Matheron tenta d'empêcher la
communauté de payer à Sigoin la cense seigneuriale
de 220 liv. Ce dernier dut passer une convention par
laquelle la communauté s'engageait à ne payer qu'à
lui la cense féodale (7 février 1660).

Mais il était dit que Sigoin ne jouirait pas en paix
de ses droits; le 13 nov. 1661, Pierre de Laidet, sieur
de Feissal, écuyer de Sisteron, arrêta entre les mains
des consuls cette cense de 220 livres, plus 140 liv.
montant de quelques charges de blé que Sigoin avait
prêtées à la communauté. En 1664, le même fait eut
lieu de la part du même seigneur, et lorsque Sigoin
vint demander la cense aux consuls, ils lui répondi-
rent bravement de *faire tollir les arrestements* auparavant que de demander le payement de ladicte cense.

Sigoin ne fut pas plus heureux dans le prélèvement
du droit de lods. Jean Mégy de Volone, avait acquis
certains fonds dans le terroir de l'Escale ; Sigoin voulut en exiger le lods, s'étant fait colloquer sur ce droit ;

Mégy, mal renseigné le paya à Matheron et le refusa
à Sigoin ; de là procès à Aix puis à Grenoble, où la
cour, par arrêt du 15 juin 1664, condamna Mégy à
payer à Sigoin le droit de lods par lui réclamé. Il
fallut également un arrêt de la cour du Dauphiné pour
obliger la communauté à payer à Sigoin la fameuse
cense de 220 livres, sauf à elle à se pourvoir contre
Charles et Claude de Matheron pour les arrérages de
taille par eux dus. (1)

Mais tous ces seigneurs et co-seigneurs qui étaient
si exacts à réclamer leurs droits, ne l'étaient pas autant à s'acquitter de leurs obligations vis-à-vis de la
communauté. Par acte de Maurel, notaire à Volone,
Sigoin s'était fait désemparer à Matheron une étendue
considérable de fonds roturiers dont la taille annuelle
s'élevait à la somme de 450 liv. Il y avait concession
mutuelle et comme une sorte de compensation. En
1680, Sigoin commença à inquiéter la communauté
pour avoir le payement de la cense féodale ; la communauté exigea qu'il payât la taille de ses fonds roturiers. Sigoin les attendait là ; il déclara qu'il ne payerait que comme *forain* et *co-seigneur*, et seulement
les tailles concernant l'utilité du fonds, sans concourir
aux tailles négotiales, et il renonça à la cense, qui
servit de compensation. La paix semblait faite et l'arrangement définitivement établi, lorsque le 27 avril
1689, il obtint, *par surprise*, un décret de contrainte
contre les consuls pour les obliger au payement de

(1) Les Matheron ne payant plus de taille et ayant avec le trésorier des arrérages considérables, les consuls croyaient pouvoir se compenser en retenant une cense qui n'était plus due à
Matheron, et ne pouvait être employée à payer ses dettes. Cet
arrêt fut rendu le 13 février 1677.

la cense, et cela, dit la délibération, pour *tourmanter et mourfondre cette pauvre communauté.* Un procès s'ensuivit à la cour de Grenoble. Mais, prévoyant que l'issue lui serait funeste, la communauté fit déclarer à Sigoin, avant que la sentence fut rendue, que « pour « oster tout prétexte de tergiversations et de chicanes, « elle consentait d'arbitrer tous les différends qu'elle « avait avec lui et qu'elle ne veut le cotiser à l'avenir « que comme forain et en qualité de co-seigneur sui- « vant et depuis la déclaration qu'il en a faite lui- « même. »

Sigoin était déjà mort en 1696. Ses biens et droits seigneuriaux échurent à ses filles et à ses petites-filles et nous devons, pour être complet et embrouiller le moins possible le lecteur, suivre jusqu'au bout les phases diverses de cette succession.

Sigoin laissa trois filles : Lucrèce, héritière par béné-fice d'inventaire ; Louise qui épousa noble Joseph de Laidet-Sigoyer (1) ; Isabeau qui épousa noble Etienne de Lévêque, seigneur de St-Etienne. Dame Hippolyte de Laidet, dont nous aurons à parler, était fille de Louise Sigoin et de Joseph de Laidet ; elle avait épousé Louis Feautrier, conseiller du roi, trésorier général de France en la Généralité de Provence, et avait hérité de Louise Sigoin, sa mère et de Lucrèce Sigoin sa tante. Il se trouva donc que dame de Laidet et Etienne Lévêque, mari d'Isabeau, eurent les droits et les biens fonds de Sigoin à l'Escale. Le 23 mars 1705 il fut fait un rapport d'estime générale des biens de l'hoirie bénéficiaire, à la suite duquel on fit assigner

---

(1) Joseph de Laidet avait retenu aux enchères la bastide et le domaine d'Aco-de-Catin (Sisteron) appartenant à l'hoirie Sigoin

tous les créanciers pour procéder aux options ordon-
nées. Il se fit une première option le 4 mars 1711 sur
les sommes adjugées au premier et au second degré
de la sentence ; il s'en fit une seconde les 13 et 16 juin
1711, pour le reliquat du 1er et du 2me degré ; les
créanciers des degrés subséquents ne voulurent pas
faire option. Le reste de la succession fut administré
par le lieutenant Sigoin comme créancier et curateur
ad bona de l'hoirie bénéficiaire. Le lieutenant Sigoin
étant mort, cette administration fut continuée par les
recteurs de l'hôpital de Sisteron, en qualité d'héritiers
du lieutenant. Pierre de Jauffroy et Alexandre Réguis
recteurs, trouvant que cette administration était difficile et onéreuse, se démirent en faveur de la dame
de Laidet de la curatelle *ad bona* à eux laissée par le
lieutenant Sigoin, et consentirent qu'elle administrât
les biens de la succession. Puis, la dame de Laidet,
veuve Feautrier, Paul d'Aguillen qui, au nom de
Lévêque, son oncle, les recteurs de l'hôpital résolurent
d'un commun accord de vendre les biens et les droits
formant la succession ; savoir : les droits seigneuriaux
à la communauté de l'Escale ; et les fonds à des particuliers ; nous en reparlerons plus tard. Il nous faut
maintenant revenir sur nos pas, et dire un mot d'un
autre co-seigneur qui tenait une partie de la seigneurie
de l'Escale.

§ XXIV. Joseph Etienne de Régis.

Matheron comptait parmi ses nombreux créanciers
le sieur Joseph Etienne de Régis, conseiller du roi
au siège de Digne. En 1652, 28 octobre, créancier et
débiteur avaient passé une transaction suivant laquelle

Matheron permettait au sieur Régis de prendre du rentier de son moulin dix-neuf charges de blé en payement des intérêts. Mais le blé n'était pas livré, le sieur de Matheron le faisant enlever à l'avance ; les intérêts allaient toujours croissant, et le sieur Régis, comprenant bien que son capital ne lui serait jamais rendu, eut recours à la collocation. Le 30 juillet 1675 Georges du Serre, bourgeois de Malijai, et Antoine Deblieux, bourgeois des Mées, experts commis d'office par sentence du lieutenant général de la ville d'Aix, se portèrent à l'Escale et procédèrent à l'expertise des divers immeubles ci-dessous désignés, savoir :

1° Le Claux (noble), 3430 cannes, estimé 1200 livres.

2° Le pré du col (noble) 2500 cannes, estimé 712 liv.

3° Une terre (noble) au dessous de ville, 4000 cannes, estimée 650 livres.

4° Une maison au masage des Peyraches, estimée 300 livres.

5° Une terre au quartier des Plantayes, estimée 385 liv.

Le sieur Régis se fit colloquer sur tous ces biens, plus sur un quinzième de la juridiction de la terre, place et seigneurie de l'Escale, estimée 200 livres. (1)

C'est ainsi qu'Etienne de Régis devint co-seigneur de l'Escale à partir du 30 juillet 1675. Après lui, ses héritiers cédèrent biens et droits à Honoré de Reboul, seigneur de Lambert, conseiller du roi, par convention du 15 mars 1719. Celui-ci vendit plusieurs de ses terres, et ne garda que quelques fonds roturiers arrentés 60 liv., quelques fonds nobles arrentés 60 livres, et un quinzième de la juridiction. Il céda finalement le tout à Marie de Berre, femme de Jean de Matheron, qui le possédait en 1745 et en retirait 180 livres de rente.

(1) Jean Dupont, huissier royal, immatriculé au siège de Digne

§ XXV. Honoré de Trimond, sieur d'Aiglun.

ARMOIRIES. D'azur à une cloche d'argent surmontée d'une croix fleurdelisée d'or (1).

Françoise de Matheron, fille de Charles, en épousant le sieur de Gache, juge des Mées, avait reçu en dot une bastide, une vigne de douze journaux, appelée la Marrone, un moulin banal et trois charges de semence de biens nobles. Devenue veuve, elle vendit ses biens et ses droits à Honoré de Trimond, sieur d'Aiglun. conseiller du roi en la cour du parlement de Provence en 1674.

Dans la déclaration des biens de la directe du roi (27 juillet 1688), Honoré de Trimond est qualifié de seigneur justicier. Ce ne fut que plus tard qu'il adressa requête pour avoir du roi investiture d'une partie de la seigneurie de l'Escale. L'investiture et l'hommage eurent lieu à Aix le 16 juillet 1698 (2).

Les archives municipales nous montrent ce seigneur s'entremettant auprès du sieur d'Entrages et du bourgeois Barlet, pour les faire sortir par la douceur du procès qu'ils avaient avec la communauté. Il mourut en 1702 ; ses biens et ses droits passèrent à son fils.

§ XXVI. Charles de Trimond, *seigneur majeur.*

Charles de Trimond, dit le Chevalier de Trimond, capitaine au régiment de Forssac, était fils et co-héri-

---

fut chargé d'aller signifier ce rapport à Claude de Matheron et à Philippe Barras, son rentier, au forest de Ville.

(1) Les diverses armes des seigneurs de l'Escale, et celles du pays, qui figurent sur la couverture de cet ouvrage, nous ont été obligeamment communiquées par M. Saint-Marcel Eysseric. Que ce modeste et savant patriote nous permette de lui offrir ici l'expression de notre reconnaissance.

(2) Arch. des B.-du-Rh. Série B., reg. 1009, f° 5.

tier d'Honoré auquel il succéda en 1702. Comme il possédait les huit quatorzièmes de la juridiction, il était seigneur majeur et haut justicier, ayant pouvoir d'institution et de destitution. Les revenus du moulin banal qu'il possédait, joints à la rente de ses biens nobles et roturiers, s'élevaient à la somme annuelle de 400 liv. environ.

Charles de Trimond vendit ses huit portions de juridiction et ses biens à la communauté de l'Escale par acte du 10 février 1731, chez Gayon, notaire à Aix, pour la somme de 14.800 livres, montant de la juridiction et des biens nobles, et 655 livres montant des biens roturiers; total 15.455 livres. Le paiement du droit de lods et d'arrière-lods s'éleva à la somme de 1.336 liv. 2 s. 2 d., modérée à celle de 1.102 liv. 5 s. 9 d. que la communauté emprunta à Louis Gardet, avocat à Aix (1).

M. de Trimond résidait alors à son château de Busque (Les Mées).

§ XXVII. Jean de Matheron Amalric.

Jean de Matheron, fils de Claude II et d'Isabeau de Barras (2), était en partie seigneur de l'Escale en 1688, comme substitué et fidéi-commissaire de Claude I de Matheron, son bisaïeul. Louis de Barras du Castelar, son aïeul maternel, était curateur pourvu de Jean de Matheron, émancipé par son père qui lui avait fait donation des biens qui lui restaient. Il épousa Marie de Berre de Saint-Julien. Il possédait les quatre quinzièmes de la juridiction, le château (maison basse), le droit de trezain, une terre franche de taille et un petit

(1) Cette dette fut éteinte en 1738.
(2) Né à l'Escale le 1er décembre 1675.

7

bois garni de broussailles qui lui servait de garenne, plus certains petits fonds roturiers « de peu de considération », nous dit le procès-verbal de 1712. Il était bien loin, on le voit, de l'opulence où avaient vécu ses aïeux, et la misère noire avait envahi le noble manoir. L'état de capitation de l'année 1716, nous apprend qu'Isabeau de Barras, mère de Jean de Matheron, et sa fille Lucrèce (2), sœur du seigneur, ne possèdent aucun bien et *vivent de charité depuis huit ans*, ayant entièrement perdu leurs droits et leur dot. Jean de Matheron quitta le pays et alla habiter Thoard à partir de 1717. Depuis cette époque, nous ne le voyons plus intervenir dans les affaires de l'Escale jusqu'en 1732 où il s'oppose à l'investiture que les consuls demandaient pour les biens acquis par eux du sieur de Trimond. Le 22 octobre de la même année, on fit saisir et vendre à l'encan les quelques charges de blé qu'il venait de recueillir dans ses terres. N'étant plus en mesure désormais de nourrir sa famille ni de satisfaire ses créanciers, ayant perdu tout prestige et toute considération, Jean de Matheron prit le parti de tout abandonner et de fuir ce pays et ce manoir qui lui rappelaient des souvenirs trop peu en harmonie avec sa situation. L'état de capitation de l'année 1734 nous apprend que Jean de Matheron est absent de l'Escale depuis deux ans, qu'il est décrété de prise de corps et que sa femme porte le titre de co-seigneur. On s'empara de ses biens et de ses droits qui furent d'abord arrentés par bail judiciaire, puis mis en générale discussion par la cour pour payer les créanciers. Un rap-

(2) Lucrèce de Matheron était née le 16 novembre 1678. Sa sœur, Anne de Matheron, épousa André de Bertalis, seigneur de Puimichel, son parent (1715).

port d'estime générale fut fait le 30 avril 1736, et le 20 décembre 1737, Jean-François Garcin, procureur au siège général d'Aix, curateur *ad lites*, pourvu à la générale discussion des biens de Jean de Matheron, ouvrit les enchères. Barlet, lieutenant de Sisteron, fit offre aux droits seigneuriaux; le conseiller de Volone renchérit; la communauté voulut surenchérir et envoya à Aix Pierre Clément et Jacques Arnaud pour acheter les 4/15 de la juridiction etc., le tout pour 15.800 livres.

Marie de Berre qui fit option pour le montant de sa dot, habita quelque temps encore le pays de l'Escale où elle possédait en propre quelques pauvres terres et un quinzième de juridiction qu'elle avait acquis du sieur de Lambert. A partir de 1745, elle alla habiter Volone avec une de ses filles. Le quinzième de juridiction qu'elle possédait, fut cédé plus tard à M. de Noguier, seigneur de Malijai (1773).

Ainsi s'éteignit dans l'indigence cette famille seigneuriale de Matheron, jadis si opulente. Ainsi disparurent un à un ces nombreux seigneurs et co-seigneurs qui, pendant plusieurs siècles, firent peser sur l'Escale le joug de leur despotique autorité. Ainsi la communauté, débarrassée de la tutelle, préluda heureusement à l'œuvre révolutionnaire par l'abolition de tous les droits féodaux ; et, à force de travaux et de sacrifices, parvint à conquérir cette franchise si longtemps désirée et cette liberté précieuse que la Révolution française devait, quelques années plus tard, accorder à toutes les communes de France en décrétant l'abolition du régime féodal. (Assemb. nation. séances des 4, 6, 7, 13 août 1789).

§ XXVIII. La Communauté émancipée.

Depuis longtemps la communauté de l'Escale re-
cherchait le moyen de se soustraire à la tutelle de ses
co-seigneurs en rachetant les droits onéreux qu'ils
faisaient peser sur elle. Cette occasion si ardemment
recherchée se présenta enfin. Vers l'année 1730, la
seigneurie et le fief de l'Escale, morcelés entre trois
co-seigneurs, n'étaient plus un corps compacte, mais
un domaine qui allait se désagrégeant, une chose vé-
nale, d'autant plus facile à acquérir qu'elle se vendait
par parties. La commune en profita.

Dès 1731, Charles de Trimond, co-seigneur majeur du lieu, consentit à lui vendre les huit quinzièmes
de la juridiction haute, moyenne et basse, les autres
droits seigneuriaux, les moulins à blé nobles et ba-
naux ainsi que tous ses fonds roturiers pour la somme
totale de 15.455 liv. (1).

Il fallut aller à Aix prêter hommage et demander
investiture des droits et biens nouvellement acquis.
Richaud, notaire de Volone et syndic des forains s'é-
tant présenté pour être admis à faire le dénombrement
et prêter hommage fut récusé, l'investiture ne pouvant être conférée à la commune que dans la personne
de son premier consul. Joseph Feraud s'y présenta
en cette qualité, et malgré l'opposition que Jean de
Matheron essaya de soulever, la cour l'investit par
touchement de main à la manière accoutumée, sauf
pour la majeure directe, domaine et seigneurie, droit
de lods en cas d'aliénation, rétention par prélation,
comis et caducité, foys et serments de fidélité, services

---

(1) Acte de vente passé chez Gayon, notaire à Aix, 8 fév. 1731.

personnels de bans et arrière-bans et autres droits et
devoirs réservés au roi comme comte de Provence et
à ses successeurs.

Voilà donc la communauté en possession de huit
parts sur quinze de la juridiction seigneuriale de l'Escale. Elle va tenter maintenant d'acquérir la portion
de Jean de Matheron.

Nous avons vu plus haut que ce seigneur ayant été
décrété de prise de corps, nosseigneurs de la cour
avaient mis ses biens et droits en générale discussion.
L'occasion se présentait donc favorable et la communauté se mettait en mesure d'en profiter quand elle
apprit avec stupéfaction que Jacques Barlet, conseiller
du roi et lieutenant particulier au siège de Sisteron
avait acquis, on ne sait comment, certains droits et
biens de cette discussion générale, savoir : trois portions de juridiction, le droit de directe, de trezain et
la garenne pour 4.000 livres. Elle réclama et fit si
bien que l'acte de vente fut résilié par jugement rendu
en date du 14 décembre 1737, par nosseigneurs de la
cour. Le conseiller de Volone fit alors une autre offre
comprenant quatre quinzièmes de la juridiction, la
directe universelle, le droit d'attache au bateau, la
place seigneuriale à l'église, une terre noble au champ
de Barras et une blachette noble pour la somme de
7.641 liv. 12 s. La communauté qui en avait assez des
seigneurs, quel que fut le nom qu'ils portassent, était
résolue aux plus grands sacrifices et ne voulait céder
à aucune opposition. Elle envoya à Aix ses deux
consuls pour surenchérir. Un accord intervint entre
Toussaint Sieyès, bourgeois de l'Escale et la communauté, par lequel Sieyès s'engagea à faire en son propre
nom l'acquisition de tous ces biens et à laisser ensuite

la communauté les retenir par droit de prélation (avec permission du roi). En vertu de cet accord, Jean-François Garcin, curateur pourvu à la discussion des biens de Matheron, céda, le 20 décembre 1737 à Toussaint Sieyès, les biens et droits ci-dessous, savoir :

1° Quatre quinzièmes de la juridiction haute moyenne et basse, mère et mixte impère du lieu de l'Escale.

2° La directe et droit de percevoir lods et généralement tous lesdroits dépendants du fief exprimés dans le rapport d'estime générale du 30 août 1736.

3° Une place conseigneuriale d'un banc dans l'église paroissiale.

4° Une garenne noble, dite « la Garenne. »

5° Le château seigneurial situé au hameau de Ville et ses dépendances.

6° Un droit d'attache du bateau au seigneur de Château-Arnoux.

7° Une blache nommée « la blachette. »

8° Une terre noble au champ de Barras.

9° Un moulin à huile avec ses engins situé au hameau de Ville soumis à la taille et au droit de lods envers les hoirs Sigoin.

La vente fut faite à l'extinction de la chandelle pour la somme de 15.800 liv. savoir: 15.500 pour droits et biens nobles et 300 liv. pour le moulin roturier. Le droit de lods dû à sa majesté s'éleva à 2.931 liv. et l'arrière-lods à 109 liv. plus 27 liv. aux hoirs Sigoin. La communauté demanda plus tard au roi de se départir en sa faveur du droit de prélation; elle s'en servit pour retenir les droits ci-dessus et, par ce moyen, le conseiller de Volone fut évincé.

Restaient à acquérir les droits et biens nobles des hoirs Sigoin. Dès le 17 nov. 1737, le conseil députa Teissier auprès de la générale Feautrier pour lui demander si elle voudrait vendre à la communauté les biens et droits qu'elle possédait à l'Escale, ainsi que ceux possédés par la Charité de Sisteron et généralement tous ceux provenant de l'hoirie Sigoin. La dame Feautrier y consentit, à condition, toutefois, qu'on payerait ces biens et droits 1.000 livres au dessus de l'estime générale. Cette condition, si onéreuse fut-elle, ne découragea pas la communauté qui envoya aussitôt à Aix ses deux députés Pierre Clément et Jacques Arnaud pour faire offre. Des difficultés sérieuses les y attendaient ; elles provenaient de la dame de l'Escale et du conseiller de Volone, unis ensemble pour faire échec à la communauté. Le conseiller de Volone qui n'avait pas pu faire l'acquisition des biens de Matheron, grâce au stratagème dont la communauté s'était servie, prétendit que l'offre qu'il faisait était plus avantageuse, et que d'autre part, les communautés n'étaient pas recevables à faire de pareilles acquisitions sans la permission de l'intendant. Mais, comme personne ne couvrit l'offre des consuls, la délivrance définitive fut adjugée à la communauté. Toutes les oppositions paraissaient vaincues, lorsque, le lendemain de l'enchère, au moment de passer le contrat, le conseiller de Volone qui, à tout prix, voulait se rendre adjudicataire, fit appel, présenta une requête en la grande chambre de la cour du parlement et en obtint un décret de *tout en état*. A la nouvelle d'une manœuvre aussi imprévue, le conseil de l'Escale se réunit d'urgence (25 nov.), et dans une délibération longuement motivée, déclara qu'il fallait

acquérir ces droits, coûte que coûte, parce que le cadastre en serait augmenté et les habitants plus à leur
aise ; qu'on s'informerait sans retard auprès des communautés de Gardane et de Callas pour savoir comment elles avaient procédé (1), et qu'on s'adresserait
au roi pour être préféré dans l'acquisition de ces
droits. Ils poursuivirent donc l'appel interjeté par le
conseiller de Volone, firent des démarches pour faire
révoquer le décret de *tout en état*; ils s'adressèrent en
même temps au roi pour le prier d'évoquer l'affaire à
tel autre parlement qu'à celui d'Aix à cause de la nom-
breuse parenté du conseiller de Volone à cette cour,
et autorisèrent les députés de la communauté à signer
la cédule évocatoire et à la signifier à qui de droit.
Cette fois encore, le conseiller de Volone fut battu ; la
communauté eût gain de cause et les pourparlers re-
commencèrent avec les hoirs Sigoin. Ceux-ci voulaient
vendre tout en bloc ; la communauté qui aspirait surtout à la possession des droits féodaux, s'entendit avec
Jacques Arnaud, qui chercha des acquéreurs pour les
biens fonds, et laissa les droits à la communauté, savoir : 1º le reste du capital de la cense pour 2.398 liv.
11 s. 3 d.; 2º un quinzième de la juridiction haute
moyenne et basse, mère et mixte impère, droit d'ins
titution et de destitution pendant le temps de la quinzième, à raison de 120 liv.; 3º le péage, pulvérage et
droit de leyde estimé 2.300 liv. (2); 4º la directe universelle, droit de percevoir les lods à un sol par florin,
estimée 3.333 liv. Cette vente fut faite pour la somme

(1) Les habitants de Callas avaient acquis la seigneurie de la
maison de Pontevès et s'étaient donnés au roi ; ceux de Gardane
dépendant autrefois de la famille d'Arbaud, avaient fait de même.
(2) Un jugement rendu en 1742, confirma à la communauté les
droits de leyde et de pulvérage qu'on lui contestait.

totale de 9.599 liv. 11 s. 3 d., payables dans 7 ans avec intérêt du total au denier 20, par acte passé chez Ravoux, notaire à Sisteron, le 15 juin 1738. La vente à Arnaud, des terres (que nous nous dispenserons d'énumérer) eût lieu a Sisteron dans la maison de dame de Laidet, maître Ravoux, notaire, en présence de Desormeaux Antoine, et Joseph Lachaud, témoins requis, le 28 juin 1738 (2).

On a vu que dans l'acte d'investiture à la communauté des biens de M. de Trimond, nos seigneurs avaient fait la réserve du droit de prélation dû au roi en sa qualité de comte de Provence. La communauté, ayant besoin d'exercer ce droit, adressa une requête à sa majesté, pour la supplier de s'en départir en sa faveur ; ce que le roi lui accorda par décret rendu à Compiègne le 3 juillet 1739, sous la condition qu'elle prêterait hommage au roi pour ce nouveau droit, sous peine de nullité. Joseph Baille 1er consul et Richaud syndic des forains allèrent aussitôt à Aix pour prêter l'hommage demandé. La communauté put ainsi retenir par prélation les droits seigneuriaux de la succession Sigoin dans la vente qui en fut faite à Jacques Arnaud.

Cependant la communauté ayant négligé de payer le droit d'indemnité pour les acquisitions faites, elle y fut contrainte par jugement du premier président le Gallois, intendant de justice et des finances en Provence. Ce droit s'éleva : pour les acquisitions faites de M. de Trimond à 63 liv. 16 s. 11 d.; pour les biens de Matheron à 58 liv. 13 s. 4 d.; pour les biens des hoirs

(2) Insinué à Volone le 1er septembre 1738. La portion de l'hôpital, dans le produit de cette vente s'éleva à la somme de 5.355 livres.

Sigoin à 57 liv. 15 s. 6 d. La communauté paya, sans approbation de l'ordonnance toutefois, et sous réserve de répéter le surexigé.

C'en était fait; il n'y avait plus désormais de seigneur à l'Escale. Le conseiller de Volone, Etienne Martin de Maurel essayait bien, çà et là, de se décorer du titre pompeux de seigneur de l'Escale parce qu'il y possédait *une quinzième portion de la moyenne et basse juridiction;* mais le conseil sut bien empêcher ce *quinzième* de seigneur d'exercer sa juridiction hors et au delà du temps correspondant à son quinzième, c'est-à-dire environ pendant 24 jours par an (27 mai 1756).

Les recteurs de la Charité de Digne y possédèrent aussi pendant quelque temps la bastide noble de Chabimond, avec une minime portion de la juridiction moyenne et basse; mais c'était si peu que rien, puisque la campagne et le lambeau de juridiction étaient arrentés 425 livres.

De fait la commune possédait tous les droits seigneuriaux; dans une délibération le conseil se demande s'il les fera exiger ou s'il les abolira, et il décide de les abolir dans le but de faciliter le commerce et le transport des fonds (1); il ne garde que le droit de chasse qu'il arrente à raison de neuf livres par an au profit de la commune avec défense de chasser en temps prohibé (1757) (2).

(1) En 1731, la communauté mit à la 18ᵉ la mouture qui était à la 21ᵉ, et celle de l'huile à la 20ᵉ; en 1758, quand l'état de gêne fut passé, on la remit à la 21ᵉ.

(2) Déjà, le 9 avril 1736, la communauté avait fait défendre aux forains et aux étrangers de chasser dans le terroir depuis que les blés sont en tuyaux, et dans les vignes depuis mai jusqu'à la dépouille, conformément à l'ordonnance de 1669. Ce fut

Ainsi, par suite de circonstances particulières dont elle sut profiter, et grâce à des sacrifices considérables, la modeste commune de l'Escale s'affranchit du joug des seigneurs dès l'année 1738 ; et, bien avant que l'Assemblée nationale eût décrété l'abolition du régime féodal, elle l'avait aboli chez elle et jouissait de toutes ses franchises.

pour éviter les abus qu'en 1757 elle mit aux enchères le droit de chasse, avec la condition que les délivrataires ne pourraient chasser avec chiens ou autrement en temps prohibé.

CHAPITRE IV

~~~~~~~~~

HISTOIRE MUNICIPALE

~~~~~~~~~

§ I. Organisation municipale.

De quelle époque date l'établissement communal dans le village de l'Escale? Il serait bien difficile de le dire, plus difficile encore de le prouver. A défaut de documents spéciaux faisant connaître l'époque de cet établissement, nous croyons volontiers qu'il dut en être ici comme dans la plupart de nos modestes villages des Alpes, où l'établissement communal se substitua peu à peu et sans secousse à l'ordre de choses précédemment établi; et cela à la suite de transactions successives imposées par les circonstances, de vicissitudes diverses et de bouleversements politiques généraux ou locaux. Nous n'oserions pas le faire remonter au xiie siècle, époque où éclata la révolution communale; mais, on peut croire sans témérité que l'élan qui poussait un peu partout en France les villes à s'affranchir, dut se propager et se faire sentir jusqu'au sein des modestes populations villageoises, et influer, par l'exemple, sur la formation des communes.

Dès le xɪᵉ siècle, l'Escale passa des mains de Pierre
de Volone à celles des abbés de Saint-Victor qui en
devinrent les seigneurs spirituels et temporels, et qui,
plus tard, y établirent un *homme de foi,* leur vassal,
chargé de protéger le monastère et de garantir l'intégrité du fief. Les catégories, dès lors, furent bien
marquées ainsi que les possessions. On y distinguait
en effet *les hommes du seigneur,* ou serfs ; les *hommes d'église* qu'on appelait hommes francs, situation
sociale mitoyenne entre le simple serf roturier et le
noble ; enfin, les hommes relevant directement de la
cour. En 1332, la cour ne possédait que neuf serfs
à l'Escale, plus quelques hommes qui lui payaient une
redevance, soit pour leur personne, soit pour leurs
biens (1). Dans l'enquête sur les affouagements en
1371, le prieur n'y possède plus que huit hommes (2).
Plus tard, la fusion s'opéra complète par suite des envahissements successifs du seigneur qui, peu à peu,
se substitua aux abbés de Saint-Victor dans le domaine temporel.

Dès le xɪᴠᵉ siècle, on y voit une communauté
toute formée, ayant ses officiers et son baile et mani-
festant déjà des tendances vers cet affranchissement
qui devait avoir son plein épanouissement à l'époque
de l'émancipation de la commune (1738). C'est bien
vers cette époque, en effet, que la communauté cher-
che à s'exonérer de tout ce qu'avait d'odieux pour elle

(1) C'était déjà la contribution *personnelle et foncière.* — ...
Novem homines proprios in quibus habet banna. Droits du roi
à l'Escale. Enq. de Léop. de Fulg. Arch des B.-du-R. Série B.,
reg. 1058, f° 195.

(2) Item habet ibi dominus prior de Mandanoysio ratione
prioratus octo homines. Arch. des B.-du-R. B. reg. 1161, f° 4.

le prélèvement du droit de tasque, le four banal, etc.,
etc., et qu'elle demande au seigneur le libre usage des
droits de glandage, de pacage, de bousqueirage,
moyennant le payement d'une cense annuelle. Il est
regrettable que les archives municipales, où il n'y a
pas mal de lacunes, ne nous apprennent rien de bien
positif sur l'organisation intérieure du pays à cette
époque. L'instrument le plus ancien que nous y
trouvions est l'acte d'acquisition de la permission de
dériver l'eau de la Bléone dans le terroir de Malijai,
acte passé entre dame Anne de Villeneuve, marquise
de Trans, dame de Malijai et la communauté et université de l'Escale, représentée par Antoine Feraud,
dit Bertrand et Antoine Arnaud, syndics, le 7 septembre 1545. Nous aurons occasion de parler plus au
long de ce document.

On n'ignore pas que les communautés étaient ad-
ministrées par des syndics qui, plus tard, prirent le
nom de consuls. En 1545, l'Escale avait deux syndics.
Depuis le commencement du XVIIᵉ siècle jusqu'en
1694, il y eut trois consuls dans le pays, et deux seulement, depuis cette époque jusqu'à la Révolution.

Ici, comme ailleurs, les affaires publiques étaient
débattues dans un conseil général auquel étaient convoqués par le crieur public, tous les chefs de famille
de l'endroit. L'assistance à ce conseil était obligatoire,
et c'est là, peut-être, une des raisons pour lesquelles
tous n'étaient pas exacts à s'y rendre. Il fallut, à diverses reprises, édicter des amendes contre les chefs
de famille qui n'y assistaient pas ou qui sortaient *sans
licence* avant la publication de la délibération prise (1).

(1) 1611, 11 avril, 12 sols d'amende contre ceux qui se rendent
refusans. Arch. municip.

Ces peines pécuniaires restant sans effet, on dut adresser une supplique au premier président pour se plaindre de ce que personne ne voulant venir délibérer, les affaires de la commune étaient en souffrance. Le premier président rendit une ordonnance en date du 8 avril 1752 par laquelle il enjoignait à tous ceux qui seraient invités, de prendre part au conseil sous peine de dix livres d'amende au profit des pauvres ; ce qui n'empêcha point que, dans tout le courant de l'année 1761, on ne parvint pas à réunir en conseil un nombre suffisant d'habitants pour délibérer (2). Cette difficulté fut cause que l'on se décida à nommer un conseil particulier de douze hommes capables qui devaient se réunir au requis des consuls, quand besoin serait, pour s'occuper des affaires de la communauté et dont les délibérations seraient ratifiées par le conseil général. Il y eût, dès lors, à l'Escale, deux conseils ; le conseil particulier ou délégué, pour traiter les affaires courantes, et le conseil général qui s'assemblait pour délibérer sur les affaires importantes, pour imposer la taille, nommer les consuls, désigner les fonctionnaires, etc.

La communauté possédait bien une maison commune, sorte de méchante chambre située au-dessus du four au hameau des Cléments, mais ce n'est pas dans ce local que se réunissait le conseil. C'était plutôt devant l'église de Notre-Dame de Mandanois, en plein air par conséquent, ou dans la chapelle de sainte Consorce en temps de pluie, que se tenaient ses séances, ordinairement à l'issue de la messe du dimanche. Ce

(2) Il fallait pour qu'une délibération fut valable, qu'il y eut au conseil, des trois parts les deux des chefs de famille.

conseil était convoqué par les consuls, avec l'autorisation du lieutenant de juge, s'occupait de tout ce qui pouvait intéresser le bien général et nommait les fonctionnaires municipaux qui, à des degrés divers et dans des emplois différents devaient servir la communauté.

A la tête de l'administration municipale étaient les consuls, au nombre de trois depuis 1600 jusqu'en 1694, puis au nombre de deux seulement. Ils étaient toujours choisis parmi les habitants de l'endroit, et nommés invariablement le premier janvier de chaque année, de la manière suivante : Les consuls sortant de charge présentaient chacun deux candidats au choix du conseil. Après délibération on passait aux voix, et ceux qui réunissaient sur leur nom le plus grand nombre de suffrages étaient proclamés 1er, 2e ou 3e consul, suivant l'importance numérique des suffrages obtenus. Ils prêtaient serment entre les mains du lieutenant de juge, représentant l'autorité royale, et entraient en fonctions. Ces fonctions, qui étaient annuelles, leur donnaient droit à une fort modeste rétribution qui était, pour l'Escale, de quatre livres 16 sols par an. Outre et par dessus cette allocation, ils se faisaient payer leurs vacations, c'est-à-dire les voyages, déplacements, perte de temps qu'avait pu leur occasionner le soin des intérêts communaux durant l'année écoulée. Au terme de la gestion, chaque consul présentait le relevé des dépenses diverses et des fournitures avancées par lui au contrôle des auditeurs de comptes qui les examinaient, les visaient soigneusement et en mandataient le montant sur le trésorier. Ajoutons que les consuls, entrant en charge, avaient soin de demander au conseil une permission expresse et formelle de vaquer aux affaires de la communauté.

On sait que Louis XIV, dans le but de se procurer
des ressources, avait créé un certain nombre de charges et d'offices, notamment l'office de maire, créé par
édit du mois d'août 1692. Les consuls et la communauté de l'Escale adressèrent une requête au roi, et
lui offrirent la somme de 600 livres pour obtenir que
l'office de maire fut uni et incorporé au corps de la
communauté et exercé annuellement par le premier
consul qui jouirait des honneurs et attributs portés
par l'arrêt, sans qu'il fut nécessaire de prendre des
lettres de provision. Par un décret du Conseil d'Etat
tenu à Versailles le 29 mars 1695, le roi accorda à la
communauté l'objet de sa demande et, pour lui faciliter le paiement de la somme offerte, lui permit d'emprunter.

Puisque nous parlons des charges vénales établies
par Louis XIV dans un but purement fiscal, disons en
passant qu'Antoine Barlet ayant acheté, le 5 mai 1694,
l'office de courtier et commissionnaire en vins (créé
par l'édit de juin 1691) pour l'Escale et pour Salignac
l'Escale se rédima en payant à Barlet les deux tiers
du prix de son office. Le même Barlet avait aussi
acheté l'office de contrôleur des deniers communs,
créé en mars 1694, pour l'exercer à l'Escale et Volone ;
l'Escale acquit cet office pour la somme de 500 livres
le 31 mai 1696 ; elle acquit pareillement celui de juré-
priseur moyennant 90 livres, et l'office d'essayeur
d'eau-de-vie et autres, moyennant la somme de 77 liv.
(16 avril 1705).

Dans la réunion qui suivait celle du 1er janvier,
presque toujours exclusivement consacrée à la nomi-
nation des consuls, on élisait les officiers publics et
fonctionnaires. Le premier à nommer était le greffier,

modeste employé dont les fonctions étaient rétribuées
à raison de 16 à 18 livres par an. Il paraît que ces fonctions, quoique peu lucratives, étaient parfois recher-
chées à raison de la facilité qu'elles donnaient aux
employés peu délicats de se procurer certaines ressources en multipliant les extraits de délibération. Les
archives municipales nous apprennent que le 6 janvier 1666, au moment où on allait procéder à la no-
mination du greffier, un certain Feraud, qui remplis-
sait ces fonctions depuis six ans et qui, pour certaines
raisons, craignait justement de n'être plus renommé,
déclara en séance publique qu'il servirait encore et,
qu'au lieu d'accepter les 18 livres de traitement que
lui servait la communauté, il se contenterait de trois
livres que les consuls verseraient eux-mêmes dans la
caisse du St-Rosaire, et cela, disait-il, pour couper
chemin à beaucoup de malversations. L'offre paraissait acceptée, lorsque intervint un autre Feraud, un
lettré de l'endroit, probablement le notaire, qui fit entendre des protestations, et prenant la plume traça au
bas de la délibération ces méchantes paroles : « *Latet
anguis in herbâ* (1) pour continuer ses concussions et
mauvaises versations, et le tout sera justifié par pièces
littérales : signé Feraud. » Cette dénonciation ouvrit
les yeux aux délibérants, et une délibération suivante
nous apprend que : « vu les malversations de l'ancien
« greffier qui excitait des procès pour doubler ses émo-
« luments », on mit cette charge aux enchères. Feraud
offrit de nouveau ses services pour trois livres au
profit du luminaire, mais, malgré son offre désinté-
ressée en apparence, il fut écarté et ne put pas sou-
missionner.

(1) Le serpent se cache sous l'herbe.

Le conseil nommait également un trésorier chargé de percevoir les fonds communaux. Cette charge qui, pendant une période de cinquante à soixante ans, ne fut accessible qu'à des hommes riches, à cause de l'avance de fonds qu'on devait faire à la communauté en entrant en charge, n'était guère occupée, pour ce motif, que par des bourgeois étrangers au pays, résidant à Digne, à Sisteron ou à Volone.

Des auditeurs de compte, nommés chaque année par le conseil, procédaient, conjointement avec les consuls de l'année courante, à l'audition et à la vérification des comptes présentés par le trésorier à la fin de sa gestion.

Après avoir pourvu à ce que réclamait le bon fonctionnement de l'administration municipale, le conseil s'occupait avec une louable sollicitude des mesures à prendre pour assurer la santé générale, le respect de la propriété et le soin des pauvres.

Comme il n'y avait pas de médecin à l'Escale, le conseil prenait ordinairement un abonnement avec un médecin des environs qui, moyennant une somme convenue et débattue d'avance, s'engageait à venir, une ou deux fois la semaine, visiter les malades de la localité. En 1661, c'est Antoine Baurou de Volone qui, moyennant une charge et demie de blé par an, s'engage à venir à l'Escale deux fois par semaine. En 1664, comme il y avait *soson* (soupçon) de mal contagieux, on décide qu'il viendra trois fois par semaine moyennant deux charges de blé. En 1739, c'est Maurel, chirurgien de Malijai, qui vient le mercredi et le dimanche pour la modique somme de 30 livres. Enfin, en 1765, Claude Maurel, de Volone, prend l'abonnement de deux jours par semaine aux gages portés par le règlement de la cour, et à 20 sols quand on ira l'appeler.

Après le soin de la santé, venait la garde de la propriété. Dans la même séance de janvier, le conseil réuni nommait un garde auquel était confié le soin de surveiller le terroir, de dénoncer les malfaiteurs et d'entretenir le chemin qui mène à Saint-Joseph de la Pérusse où la paroisse de l'Escale va en pélerinage, de temps immémorial, le dimanche de la Trinité. Son traitement qui était de 33 livres en 1641, s'éleva progressivement et atteignit, en 1772, le chiffre de 100 livres. A ce traitement fixe, fourni par la commune, venaient s'ajouter de petits bénéfices éventuels ; il retirait cinq sols de prime pour chaque malfaiteur arrêté, 12 sols pour creuser la fosse des grandes personnes et 8 sols pour la fosse des enfants, car le garde champêtre était toujours fossoyeur.

Dans le but louable de venir en aide aux personnes qui ne pouvaient cuire leur pain, le conseil désignait chaque année un manganier, autrement appelé gabelier ou panatier, chargé de vendre du pain et du vin aux particuliers ; la communauté lui avançait 24 livres, à rendre à la fin de l'année, et ce fournisseur avait pour bénéfice : sur le pain, le croit du blé ; sur le vin, 4 sols par coupe. Un porcher était également désigné pour conduire les bestiaux aux champs et les ramener tous les soirs, moyennant une rétribution en nature qui fut : en 1645, de 4 cosses de grains par bête ; en 1649, de 6 cosses 1/2 ; en 1683, de 8 cosses 1/2 de froment.

Le conseil nommait également un boucher chaque année dans cette séance. La présence, à cette époque, d'un pareil fournisseur, dans une petite localité comme l'Escale, où l'on ne trouve pas toujours, aujourd'hui, la viande nécessaire à l'alimentation, va un peu à l'encontre du préjugé populaire d'après lequel nos ancêtres ne voyaient de la viande de boucherie sur leur table qu'une ou deux fois l'an, et se nourrissaient, le reste du temps, de pain noir et de légumes grossiers. Les divers baux de boucherie que renferment les archives, nous indiquent que la viande fraîche entrait pour une part plus considérable qu'aujourd'hui dans l'alimentation. En 1645, le boucher de Volone s'offre à servir l'Escale à condition qu'on lui permettra de paître son troupeau jusqu'au rieu de Vière. Le bail de 1649 nous apprend que la chair de mouton se vendait 9 sols la livre, et celle de bœuf, 7 sols. En 1772, par acte passé devant notaire (2 août) Barlatier, boucher de Volone, s'engage à venir résider à l'Escale, à y vendre du mouton toute l'année, à tuer deux fois par semaine et plus souvent même à la réquisition d'un simple particulier, pourvu qu'il en prenne un quart ; il vendra le mouton et la brebis à 5 sols la livre, le bœuf à 3 sols 6 deniers, les chandelles 9 sols la livre ; comme compensation, on lui permet de garder son troupeau dans toute l'étendue des terres gastes appartenant à la commune.

Une des fonctions les plus importantes du conseil était le choix et la désignation des jeunes soldats. La levée des troupes avait quelque analogie, dans son fonctionnement, avec la levée des impôts, et il n'est pas sans intérêt de connaître la manière dont s'opérait cette levée. Les procureurs de la province imposaient la viguerie pour un nombre d'hommes déterminé ; à son tour, la viguerie répartissait ce nombre sur toutes les communautés de son ressort, proportionnellement au nombre de feux auquel chacune était affouagée. Une fois l'ordre de levée connu des consuls, le conseil

général de la communauté s'assemblait et désignait
ceux qui devaient faire partie de la milice du roi. Les
jeunes gens, une fois désignés par le conseil, devaient
partir au jour indiqué, et sur leur refus, y étaient
contraints par la force armée. La communauté devait
pourvoir à leur équipement et à leur solde, ce qu'elle
faisait ordinairement en versant une somme déter-
minée. Le conseil conserva le droit de désigner
les jeunes soldats jusqu'à l'établissement du tirage au
sort (1693). (1)

C'était aussi au conseil qu'incombait le soin d'établir la quotité de l'impôt, d'autoriser les emprunts en
argent ou en nature, de déléguer des députés pour
ester en justice en son nom, de passer les baux, d'arranter les héritages vacants, de fixer le jour de la ven-
dange qu'on ne pouvait devancer sans s'exposer à
l'amende et à la confiscation (2), d'imposer les capage
pour la garde du château ou des chemins en temps
d'épidémie et de pourvoir à la viabilité des voies
de communication dans l'étendue du terroir.
Cette dernière obligation était une source de dépenses
considérables pour la communauté, à cause du mauvais état et de la mauvaise situation d'un passage dan-
gereux qu'on appelait pierre-taillée, au bord de la
Durance. L'entretien des chemins étant à sa charge,
elle était pécuniairement responsable des accidents
qui pouvaient résulter de leur mauvais état. Le 2 février
1643, Rougier, des Mées, l'actionna en payement
d'un cheval qui s'était précipité dans la Durance au

(1) En 1639, on leur donna 31 liv. 10 sols pour armes et muni-
tions « qui sont un mosquet, une pique, deux bandollières, une
espée et poudre. »

(2) En 1739, on fit venir cinq invalides de Sisteron pour garder les vignes, à raison de 12 livres chacun.

quartier de pierre-taillée « où le chemin n'a que deux pans de largeur » ; elle paya neuf écus. En 1647, le 15 Août, Louis Spitalier, muletier de Bargemont, l'assigna en payement d'un mulet qui s'était tué à pierre-taillée « au défaut du chemin » ; elle fut condamnée à 60 livres et à la réparation immédiate du chemin. Un mulet qui lui coûta beaucoup plus cher, fut celui de Pierre de Cotignac (3 août 1664) qui fut estimé à 200 livres par le soin des estimateurs de Volone, leurs bons voisins. Les consuls de l'Escale s'empressèrent de protester contre cette estime exhorbitante, de déclarer les estimateurs suspects, et de demander l'expertise d'un maréchal ; rien n'y fit ; il fallut plaider et la pauvre communauté de l'Escale dut payer le mulet au prix assigné, plus la moitié des frais, soit en tout 440 livres (1665). La communauté se plaignit et représenta que ces accidents qui lui devenaient si onéreux étaient moins imputables au défaut d'entretien du chemin, qu'à son peu de largeur et à son tracé défectueux. Elle demanda, en conséquence, qu'on rectifiât ce chemin, qu'on le fit passer plus haut dans le vallon rectification qui n'étant pas considérée comme d'entretien mais de construction, restait à la charge du seigneur péager. En effet, les procureurs des trois-états (1673) se firent délivrer par les consuls de Volone et de Sisteron, des attestations déclarant que le grand chemin royal de Nice et Grasse à Lyon et Paris était impraticable à pierre-taillée. Munis de ces attestations ils firent enjoindre par les trésoriers généraux de Provence, à Sigoin, seigneur péager de l'Escale « d'a-« voir à mettre en état le chemin du quartier appelé « Pierre-taillade qui est de quatre ou cinq pans de « largeur sur un rocher ardu et en pente contre la

« rivière de Durance dans laquelle il s'est souvent
« précipité du bétail » ; la dépense était évaluée à
800 livres. Sigoin, seigneur péager de l'Escale, recou-
rut de ce rapport ; puis, pressé, disait tantôt qu'il
avait fait la réparation, tantôt qu'il relevait appel de
toutes les ordonnances et procédures ; mais nosseigneurs de la cour passèrent outre et ordonnèrent la
mise aux enchères des réparations. En 1735, la communauté dut faire réparer de nouveau ce chemin
« démoli en divers endroits et la muraille qui est à
« l'endroiture du rocher qui est au milieu de la
« Durance ». Le 24 mars 1760, les procureurs du
pays écrivirent aux consuls « qu'il y avait plainte au
« sujet du chemin que les pierres et graviers ont rendu
« impraticable par le talus qu'ils lui ont donné du côté
« de la Durance et qu'il y a surtout un pas imprati-
« cable à l'extrémité du terroir qu'il n'y peut passer
« aucune voiture » , l'entretien, leur dit-on, est à la
charge de votre communauté.

Mais, en voilà bien assez de dit sur le chemin de
pierre-taillée. Notons, en terminant que, à partir du
jour où elle eut fait l'acquisition de la majeure partie
de la juridiction (1734), la communauté jouit du pri-
vilège de se choisir chaque année son lieutenant de
juge qu'elle installait après lui avoir fait prêter serment. (1)

§ II. État financier. — Contributions publiques

En jetant un coup d'œil sur l'état financier du
pays on constate aisément qu'il fut déplorable pen-

---

(1) C'était pour l'ordinaire le 1er consul sortant qui était nommé lieutenant de juge, et le greffier sortant était nommé greffier
de la juridiction.

dant plusieurs siècles. Par suite d'emprunts multipliés
la communauté en était arrivée au point que, ne par-
venant plus, avec ses revenus, à payer les traitements
des fonctionnaires et les rentes accumulées des capi-
taux, elle dut céder partie de ses biens fonds pour
indemniser les créanciers. Le rapport des experts
chargés de faire le relevé des dettes des communes
nous apprend qu'en l'année 1641, l'Escale devait la
somme considérable de 53200 livres. Mise en demeure
de se libérer, la communauté rencontrait plus d'un
obstacle. Parmi ses nombreux créanciers, les uns ne
consentaient à être indemnisés en biens fonds qu'autant qu'on les leur livrerait francs de taille ; les autres
comme les recteurs de l'hôpital Gras de Sisteron, refusaient nettement les terres et prétendaient être payés
en deniers dans huit ans, suivant les arrêts rendus en
faveur des causes pies, et les priviléges des hôpitaux
et monastères. Dans cette extrémité, le conseil fut
d'avis d'indemniser les créanciers en leur cédant à
perpétuité un droit de douzain sur tous les fruits
sujets à la dime. Cette offre était acceptée, lorsque
Mathieu Feraud, notaire, intervenant au nom du seigneur, s'opposa à cette vente du douzain sous prétexte qu'elle portait atteinte à la juridiction seigneuriale, qu'elle était directement contraire aux instruc-
tions du roi qui veut que les communautés dans cette
situation payent en fonds, sans fougager de nouveau;
que la communauté était déjà bien assez obérée par
la dime au douzain qu'elle faisait au prieur, etc., on
dût recourir à une imposition en nature pour satisfaire
les créanciers les plus exigeants.

Les affaires en étaient venues à un tel point qu'on
ne parvenait même plus à trouver un trésorier pour

percevoir la taille (1658); et cela, parce que le trésorier qui entrait en charge, ne trouvant que des dettes,
devait avancer, sur ses fonds personnels, des sommes
considérables à la communauté, qui n'était pas toujours en mesure de l'indemniser au terme de sa gestion. C'est ainsi que Gassend André de Digne, trésorier en 1660, était créancier pour 4.648 livres; Jean
Gastaud de Sisteron, autre trésorier, pour 3300 liv.;
Antoine Maurel de Volone pour 1958 liv.; etc.

D'autre part, Sigoin créancier important, menaçait
de réclamer le remboursement immédiat de son dû,
si on ne lui donnait, outre et par dessus les intérêts
légitimes, les trente moutons *nouveaux* qu'on lui
avait promis depuis deux ans (1). Réduite à cette situation désespérée, la communauté songea à vendre
la taille de l'année suivante; Antoine Maurel de Volone, s'en rendit acquéreur moyennant 3600 livres.
Ainsi, loin de se libérer, la communauté s'endettait
chaque année davantage en renonçant par avance
au bénéfice de la taille, de telle sorte qu'en 1698
le fonds se trouvait chargé de 60.000 liv., en principal par suite d'arrérages accumulés (2). Le nombre toujours croissant des collocations, poussait au
déguerpissement; et, ceux qui restaient, voyaient
augmenter leurs charges sans voir augmenter leurs revenus dans les mêmes proportions. On essayait bien
çà et là, de formuler quelque plainte; mais on cou-

---

(1) 12 juin 1661; en 1659, Sigoin avait fait emprisonner les
consuls pour se faire rembourser les 3000 livres prêtées; sur la
promesse qu'on lui fit de lui donner trente moutons *nouveaux*,
les consuls furent élargis. 25 avril 1659.

(2) Mémoire dressé par les consuls, en vertu de la lettre des
procureurs du pays au sujet du réaffouagement. Avril 1698.

pait court à toute opposition ou toute tentative d'obs-
truction en inscrivant dans la délibération sur l'imposition de la taille cette clause significative : « ...... a
« délibéré de faire une taille suffisante, sous peine
« contre ceux qui seraient de l'avis d'une imposition
« trop faible, d'être poursuivis en leur propre et privé
« nom et pour fournir solidairement ce qui se trou-
« vera manquer, sans espoir de rejet sur la commu-
« nauté mille livres d'amendes et plus grande s'il
« échoit. »

On se demande par quelle voie la communauté en
était arrivée à une situation si désastreuse. Les causes
en sont multiples. Sans parler des impôts communs
à toutes les communautés, comme les deniers du roi
et du pays, les affaires négotiales etc., nous pouvons
mentionner d'abord les procès. Il fut une époque où
le procès était devenu une sorte de besoin, je dirais
presque de manie. Un droit, un intérêt minime à défendre. une dette à faire rentrer, une échéance à payer
servaient de point de départ à une procédure quelquefois longue et toujours dispendieuse ; les avocats, les
procureurs de communauté, quelquefois les greffiers,
tous gens vivant de la chicane, se plaisaient parfois à
en susciter pour grossir leurs revenus, et engageaient
les conseils ou les particuliers à poursuivre, alors
qu'un simple accommodement eût coupé court à tout
litige Comme on le sait, les moyens de locomotion
étaient rares et défectueux, les sièges de parlement
éloignés, (Aix, Grenoble) les vacations fort chères
les expéditions de jugement, les honoraires très-coû-
teux, de sorte qu'un procès était toujours pour la communauté, une source de dépenses considérables. Or,
quand on songe au nombre de procès que l'Escale

eût à soutenir tant contre le prieur que contre les co-
seigneurs, les seigneurs et autres particuliers, on n'a
pas de peine à reconnaître, dans cette multiplicité,
une des causes de l'état de misère où ce pays était
réduit. (1)

On peut assigner, comme seconde cause de cette
situation, le passage fréquent et le stationnement des
gens de guerre. Le pays de l'Escale, point intermédiaire entre Digne et Sisteron, placé sur le chemin
royal qui conduisait de Lyon à Grasse, était, à cause
de sa position, plus exposé à ces visites peu agréables.
Les pays traversés par les troupes et désignés comme
étapes ou lieux de séjour, devaient faire des avances
considérables en vivres tant pour les hommes que
pour les chevaux. A la vérité, les uns et les autres
étaient taxés, et la province rendait ordinairement à
la communauté les avances faites par elle. Mais il
arrivait plus d'une fois que les frais occasionnés par
ces troupes, peu disciplinées, dépassaient de beaucoup
la taxe portée; d'autres fois, Messieurs de la Province réduisaient la note, et presque toujours la soldates-
que se livrait au pillage, ou à des menaces, des vio-
lences et des désordres auxquels les habitants ne pouvaient se soustraire qu'en cédant aux exigences des
soldats. Comme preuve, nous citerons une délibération prise entre bien d'autres du même genre, bien de

---

(1) L'acquisition des droits seigneuriaux par la commune
coupa racine à une foule de chicanes qui souvent dégénéraient
en véritables procès. Aussi, lisons-nous dans le questionnaire
de l'état général de situation du pays : quels sont les procès que
la communauté a actuellement ? Rep. Aucuns, grâce à l'acquisition qu'elle a faite de presque toute la juridiction et de tous les
droits seigneuriaux qui lui en suscitaient plusieurs. Questionnaire de l'état général de situation du pays.

nature à justifier les appréhensions des habitants à la nouvelle de l'arrivée de ces hôtes peu commodes..

« 17 mars 1644... a esté remonstré au conseil qu'ils
« savent très-bien qu'il y a ici une compaignie de
« cavalliers du sieur de Martin pour y tenir garnison
« jusqu'à nouvaux ordres lesquels ont faict et font
« mille désordres et ravages, estant impossible de les
« arrester et empescher leurs insolances que par
« moyen de l'argent qu'ils demandent ayant dict et
« faict dire auxdits consuls et à plusieurs aultres appa-
« rantz du lieu qu'ils mettront le feu aux hameaux
« et saccagent tout sy on ne compose avec eux tant
« du passé que pour le séjour durant leur garnison...
« pour porter les habitans à ce qu'ils désirent ils les
« pillent et battent ce qui a obligé lesdicts consuls et
« quelques-uns des principaux intéressés de pressantir
« leur intention qui est que la communauté leur
« donne neuf sous par jour et moyennant ce, ils se
« contiendront et ne feraient point d'insolance.... que
« si on ne les satisfait promtement il y aura du désor-
« dre plus grand qu'on ne panse. Sur quoi les con-
« suls, pour esviter un malheur ont offert leur donner
« deux cents livres par jour tant pour le passé que
« pour le séjour. » Les chevaux-légers ayant séjourné
du 14 au 22 mars, on dût payer 1600 livres qu'on
emprunta; il ne leur fut rendu que 1274 livres (15
août), d'où, perte de 326 livres pour la communauté.
En 1647, dix compagnies y avaient logement. En 1649
c'étaient les cavaliers de Saint-André auxquels il fallut
donner cent pistoles; puis trente pistoles à trois cor-
nettes de cavalerie logés à Mirabeau, afin qu'ils ne
viennent pas à l'Escale : quelques jours plus tard les
gens de guerre du sieur d'Entrages étant venus s'abat-

tre sur le pays, on leur donna 24 pistoles pour les
faire déloger. (1) Une autre fois, (28 avril 1655) c'est
Monseigneur d'Aiguebonne qui fait contribuer le pays
à la subsistance de quatre compagnies et de l'état-
major du régiment de Vendôme qui est à Digne, et
cela pendant trente jours à raison de 16 livres par
jour. Les archives municipales nous apprennent même qu'en 1655 (2 fév.) les soldats de son altesse avaient
brûlé les maisons de Louis Barras et de Gallissian,
que la communauté dut payer. Toutes ces dépenses,
jointes à la perte de temps et au dégât des récoltes
qu'occasionnait le passage des troupes, ne contri-
buaient pas à augmenter le bien-être des habitants
ni les finances de la commune.

Une troisième cause de cette misère, se trouve dans
les conditions mêmes où la communauté opérait ses
emprunts. Un créancier se montrait-il pressant, me-
naçait-il de faire emprisonner les consuls? vite, on
cherchait à le satisfaire, et, à défaut d'argent, on empruntait du blé, du seigle, de l'avoine qu'on vendait
ensuite à moitié prix pour réaliser des fonds et indemniser le créancier. Mais, il fallait plus tard, rendre ces
grains au taux de l'emprunt ; de là, une perte considérable pour la communauté. C'est ainsi qu'on pro-
céda souvent et notamment en 1651, 1660, 1661 etc.,
où la communauté emprunta 50 charges de blé à
Antoine Maurel de Volone à raison de 16 livres la
charge, et les revendit le même jour à 10 liv.; (2) ou

(1) La pistole était une monnaie d'or d'Espagne et d'Italie :
celle d'Espagne valait 23 fr. 20; celle d'Italie valait 19 fr. 75.
Sous Louis XIV, on admit en France une pistole d'Espagne
dont la valeur fut fixée à 10 livres.
(2) Maurel ne parvint à recouvrer le montant de ce prêt et
ce qui lui était dû comme ancien trésorier, qu'en prenant les
biens que la communauté tenait de M. de Champourcin.

bien comme en 1663 où ils vendirent à raison de 9 livres 5 sous, trente huit charges de blé empruntées la veille au taux de 16 livres la charge. Il va sans dire que les acheteurs et vendeurs peu délicats exploitaient la situation, et, sans beaucoup de peine, réalisaient de gros bénéfices aux dépens de la communauté. Les consuls avaient bien protesté « contre l'habitude de « prendre du blé et du bétail à la place d'argent que « c'est un désordre et une perte » (16 janvier 1661), mais la dure nécessité les poussait malgré eux et presque fatalement à la mise en pratique d'un moyen que leur bon sens et leur intérêt réprouvaient également.

Il y avait bien aussi quelques abus dans le payement des vacations. Des hommes peu scrupuleux se faisaient allouer des gages considérables pour des voyages presque inutiles à Digne, Volone, Sisteron, Aix, etc. Sur des protestations souvent réitérées on fixa le prix des vacations à 20 sous par jour (1660).

Il ne faut pas perdre de vue non plus, que depuis 1620, le seigneur ne payait aucune taille de ses biens roturiers, considérables à cette époque; que d'autre part, les forains, nombreux à l'Escale, et y possédant une partie du terroir, ne payaient que la taille concernant les deniers du roi et l'utilité du fonds (1). Il était bien survenu un arrêt du conseil du roi (23 juin 1666), déclarant que tout propriétaire d'héritage roturier, qu'il fut domicilié ou forain, serait soumis à contribuer aux charges négotiales concernant la commodité des habitants comme à celles qui concernent l'uti-

_____

(1) Tels étaient : le sieur d'Entrages qui, à lui seul, possédait comme forain, la 40ᵐᵉ portion du terroir ; Rascas, sieur d'Esclangon et de la Robine ; les Amalric de Digne, etc. En 1666, les arriérés des tailles du sieur d'Entrages, s'élevaient à 2176 liv. en principal. Il ne payait pas, sous prétexte que la communauté lui devait 75 livres.

lité des fonds (1). Les forains ne s'obstinèrent pas moins dans leur refus, jusqu'en 1693 où prévoyant l'issue défavorable du procès qui était en cour, ils sortirent d'affaire par une transaction.

Si on ajoute à tout cela, la pension féodale due au seigneur, la dime au douzain due au prieur, les nombreux intérêts à payer, les pensions perpétuelles à servir, les dépenses occasionnées par le creusement du canal de la Durance et la rectification de celui de la Bléone, on connaitra les principales causes qui réduisirent le pays de l'Escale à l'état de détresse où nous le voyons se débattre pendant de longues années.

L'impôt se prélevait sur chaque communauté proportionnellement au nombre de feux auquel elle était affouagée. Nous avons trouvé aux archives des B-du-R. le procès-verbal d'enquête sur l'affouagement de l'Escale en 1371, 8 août, IX indict. Sur les déclarations de Bertrand Robin, baile, et de Jean Feraud, tous deux assermentés, le commissaire enquêteur parcourut, une à une, toutes les maisons, dressa l'état des feux, et y joignit la liste des mendiants, c'est-à-dire de ceux qui possédaient moins de 10 livres. Ce procès-verbal porte qu'il y a à l'Escale 22 affouagés, non compris les nobles, et 11 indigents dont un seul n'a rien. Les plus forts tenanciers sont : Hugues Feraud, affouagé à XL liv., Pierre de Citrono (?) XXXVI liv., Jacques Pinchinat XL liv. Bertrand Pinchi-

(1) Suivant la déclaration des Etats de Provence du 20 décembre 1607, étaient réputées charges négotiales: les capages, les gages du maitre d'école, du chirurgien, de la sage-femme, du prédicateur, du garde en temps de peste, les frais d'entretien des horloges publiques, des cloches, des fontaines, de la nef de l'église, etc.

nat LXX liv, les hoirs de Pierre Etienne XXXXI liv. Les *mendicantes* possédant moins de 10 livres, sont : Reymond Arnaud II liv., Guillaume Arnaud III liv., Bertrand Jean IIII liv., Guillaume Domigal II liv., Douce Flugière I liv., Isnar Feraud III liv. Pierre Feraud II liv., hoirs de Pierre Domigal III liv., hoirs de Pierre Guigues II liv., Jacques Clément II liv., hoirs de Michel le tisserand *rien* ɴɪʜɪʟ (1).

Le pays fut d'abord affouagé a 3 feux (2), puis, à 3 f. 2/3, et , à partir de 1745 à 3 f. 2/3 et 1/6.

L'unité qui servait à prélever l'impôt était la livre cadastrale qui valait 600 liv. environ ; le cadastre de 1670 en contenait 194 ; celui de 1732 en contenait 226. (3) De 1644 jusqu'en 1690, la moyenne des impositions levées chaque année fut de 34 livres tournois par livre cadastrale (4) ; elle se maintint à ce chiffre jusqu'en 1742, quoique fût venu s'y adjoindre le nouvel impôt de la capitation, qui s'éleva, du chiffre primitif de 341 liv. au chiffre de 567 liv. en 1733. Depuis 1752 jusqu'à la révolution, la moyenne de l'impôt prélevé ne dépassa pas 28 liv. quoique les deniers du roi et du pays eussent augmenté en quelques années d'une façon exorbitante, et, de 2235 où ils étaient en 1733, se fussent élevés au chiffre de 4069 en 1765.

(1) Arch. des B.-du-R., regist. 1161. f°. 4.

(2) déclarat. des biens de la directe. Arch. des B.-du-R. B.955.

(3) Cette augmentation provenait des fonds nobles acquis par les habitants. à l'époque de la vente des biens s igneuriaux, et qui, devenant roturiers, étaient encadastrés et soumis à la taille.

(4) cela signifie que le propriétaire d'un fonds estimé 600 liv. était imposé à raison d'une livre cadastrale. et devait payer annuellement 34 liv. d'impôt; autant de fois 34 livres tournois qu'il avait de livres cadastrales.

La taille royale et le taillon se payant par quartiers, on leva d'abord l'impôt en quatre parties qui correspondaient aux quatre époques du payement. Plus tard on imposa la taille tout d'une fois pour toute l'année.

En vertu d'un arrêt de la cour des comptes de 1725, la commune dut dresser, chaque année, un état de situation, autrement dit, un budget. Le premier de ces budgets, dressé en 1733, accuse 9327 liv. de dépenses, 1455 de recettes et demande une taille de 7862 liv. Vers la révolution, le chiffre des dépenses n'excédait guère 6339 livr, et celui des recettes arrivait à 1116, d'où une taille seulement à imposer de 5214 liv., ce qui permettait d'apporter un adoucissement dans le taux de l'imposition.

§ III Instruction.

Nous aurons peu à dire sur l'instruction à l'Escale, les archives municipales étant presque muettes sur ce sujet si intéressant. Ce n'est que de loin en loin qu'il y est fait mention d'un précepteur de la Jeunesse et du traitement qui lui est alloué. Nous savons seulement qu'en 1644, le secondaire de l'endroit, Jean Aillaud, faisait la classe et que dès cette époque, le fait d'avoir et de payer un précepteur commun était passé en coutume dans le pays. « ... Plusieurs qui ont des enfans, « ont dict aux consuls de faire pache avec Antoine « Clament (17 avril 1645) pour enseigner la jeunesse « suivant les paches ordinères que la communauté a *coustume* de donner aux pressepteurs ». Le traitement de ces employés varia de 100 à 120 livres par an, plus la rétribution scolaire.

§ IV. Population.

Dans le procès-verbal de déclaration des biens de
la directe (1688), il est dit que la population de l'Escale est de 120 habitants, ce qui veut dire sans doute
chefs de maisons, et donnerait une population d'environ 600 âmes. Si on ne prenait pas ce terme dans
l'acception que nous lui donnons, et qu'on voulut
l'entendre dans le sens restrictif d'individualité, il
s'ensuivrait que les 13 hameaux, tous habités à cette
époque, n'auraient abrité en moyenne que 9 individus
chacun, ce qui serait en désaccord soit avec le nombre
de feux, soit surtout avec l'impôt prélevé, et par conséquent, inadmissible. La capitation de 1710, donne
462 habitants ou individus. L'état d'affouagement de
1745, marque dans le pays 450 âmes de communion,
ce qui élève le total de la population au chiffre appro-
ximatif de 600 personnes. Ceci concorde avec les
données d'Achard qui attribue à l'Escale une population de 600 âmes (1785). Le recensement de 1836
accuse une légère augmentation et donne le chiffre de
621 habitants. Depuis cette époque, le niveau de la
population s'est sensiblement abaissé ; car, en 1884,
on n'y comptait plus que 510 hab., et le dernier recensement (1891) nous montre que ce mouvement de dé-
croissance va s'accentuant davantage puisqu'on n'y
compte plus aujourd'hui que 469 habitants.

§ V Oanaux

Notre étude serait incomplète si nous ne parlions
pas des deux canaux, dont l'un, conduit dans le terroir
l'eau de la Bléone, et fertilise, depuis des siècles, la

magnifique plaine de l'Escale ; et l'autre dérivé de la
Durance, et resté inachevé, a été bien des fois cité
comme ayant une origine romaine, (grâce à son voisinage du Bourguet), tandis qu'il remonte à peine à
la seconde moitié du XVIIme siècle, comme nous le
démontrerons en son lieu.

I. CANAL DE LA BLÉONE. Dès avant 1400, les habitants
de l'Escale avaient dérivé un canal de la rivière de
Bléone, en dessous de Malijai et dans leur propre
terroir, pour arroser une partie de la plaine (1).

Les débordements de la rivière ayant délabré ce
canal, les habitants de l'Escale décidèrent d'établir
la prise plus haut afin de pouvoir arroser une
plus grande partie de leur terroir, et de se mieux
garantir contre les ravages de cette rivière torren-
tueuse. Le point choisi pour la prise se trouvant sur
le terroir de Malijai, il fallut, pour l'établir, obtenir la permission du seigneur du lieu. Divers baux
furent passés successivement, pour une période dé-
terminée, jusqu'au jour où ils purent acheter la
concession. L'acte d'achat est du 7 Septembre 1545.
Nous en donnons ci-dessous la transcription :

« Au nom de Dieu soit Amen. L'an mil cinq cens
« quarante cinq a la nativité Nostre Seigneur et le
« septième jours du mois de septembre, reignant
« très chrestien prince françois par la grâce de Dieu
« Roy de France comte de Provence folcalquier et
« terres adjacentes longuement : et en félicité existent,
« Amen. Sachent tous présans et advenir que per-
« sonelement estably en sa perssone en présance

(1) Dans une délibération de l'année 1712, il est dit que le canal existe depuis plus de trois siècles.

« de moy N^re royal et des témoins infra escriptz,
« haute et puissante dame Anne de Villeneuve
« marquise de Trans et vicomtesse de Malhe (?)
« dame de Malijay et Bastide diceluy Malijay dio-
« ceze de Gap laquelle de son bon gré pure et
« franche volonté pour elle et ses heoirs et successeurs
« a l'avenir quelconque a baillé ceddé remis et
« transporté par la teneur du presant acte baille,
« cedde remet a nouveau bail *sive censuum acapitum
« et infiteosim perpetuum* a la communauté manans
« et habitans du lieu de lescalle de lad dioceze
« Gap honnorables perssonnes Antoine féraud dit
« Bertrand et Antoine Arnaud scindics de ladite
« Communauté et université dudit lieu de lescalle
« presans et au nom de la communauté manans
« et habitans intervenans pour eux et leurs succes-
« seurs a ladvenir estipulans sçavoir est faculté de
« faire et edifier un bealage au dessus de la ville
« et par le tarroir dud Malijay pour conduire l'eau
« de la rivière de Bléaune par led bealage au tarroir
« dud lieu de lescalle et la ou bon leur semblera
« conduire lad eau et au plus util que faire ce
« pourra led bealage sauf et réserve a lad dame
« de Villeneufve et a ses successseurs a lavenir
« sur led béalage la majeure dirette et seigneurerie
« droit de lauzime trezain sy est la ou et toutes
« fois que le viendront aliénner en tout ou en
« partie par le droit de prélation, caducité, fraud
« commis et advantages et autres droits seigneuriaux
● que de droit stile et coustume est en usage et

(1) Cette cense d'un sol fut élevée plus tard à quatre sols,
Acte de reconnaissance en faveur de Melchior de Mazargues,
seigneur de Malijay. 17 janv. 1637.

« ensienneté en tels bails soy retenir entre les nobles
« seigneurs aud pays et au service et sur cense
« de un sol (1) payable toutes les années perpétuele
« ment a lad Dame ou aux siens a chacunne feste de
« Saint-Michel avec les paches que s'ensuivent pre-
« mièrement a este dit de pache entre lesd parties con-
« trahantes que lad Communauté de lescalle pourra
« faire et prandre des faissines au tarroir dud mali-
« jay pour reparer la prise dud bealage quand ce
« viendra a rompre tant sullement et lequel nouveau
« bail lad dame de Villeneufve a baille a lentree et par
« l'achept de la somme de douse escus dor au soleil va-
« lant quarante cinq sols la piéce lesquels douse escus
« dor sol de la valeur que dessus lad dame a confesse
« et confesse avoir eus et receus comme il a eües et
« recües en six escus dor sol traise testons et demi tes-
« tons et le demurant en grains blancs et par les mains
« desd scindies au nom de lad Communauté payant
« realle et continuelle numeration en la présance de
« moy notre royal et des temoins issy dessous nom-
« més faite et intervenante de laquelle somme de
« douse écus d'or au soleil lad. dame de Villeneu-
« ve quite lad. comté moyennant lextipulation que
« desus a quite et quitte avec paches de ne leur faire
« jamais demande ny apres pour raison de lad. entre
« et cy led. bellage cy dessus en nouveau bailh bail-
« he et dessus designe et especifie vault de present ou
« Valait plus à l'advenir que lad. somme pour raison
« de lad. entrée et nouveau bailh par lesd. scindics au
« non que dessus bailhe et le service sur lesd. plus vail-
« lances telles quils sont ou seront lad. dame de Ville-
« neusve a la susd. université et la communanté de
« l'escale la stipulation que dessus a donné et remis

« en verteu du présent acte de nouveau bailh et autres
« par donnation irrévocable ouvertement et pour
« cause faite entre vifs combien lesd. plus vaillances
« excédent la moysie du juste prix et a l'occa-
« sion de ce lad dame sen es désaisye dud. bellage et
« depouillee et en a investi et saisy lesd scindics au nom
« que dessus intervenans par touchement des mains
« come est de costume par y celuy bellage avoir tenir
« et posséder engager vandre allienner faire et en
« disposer come de leur chose par bon et vrai tiltre ac-
« quise, sauf toutes fois estre déffendeu et quil ne soit
« loisible a lad université metre n'y imposer aucun
« sursens ou autre servitude sur led. béllage donrant
« et remetant lad. dame de Villeneusve a lad. commité
« moyennant lestipulation que dessus plein pouvoir
« et authorité de prendre possession naturelle et corpo-
« rele dud bellage quand bon leur semblera sans licen·
« ce daucun et cependant jusque a ce quils ayent
« prins possessions lad. dame de Villeneusve c'est
« constitue icelluy bellage posséder comme précaire
« en nom de lad. comté prometant lad. dame de
« Villeneusve sur lastipulation que dessus intervenant
« ledit bellage moyennant lentree comme dessus par
« elle reçeu des douse écus dor sol, leur faire avoir
« tenir et posséder quitement et paisiblement deffen-
« dre et garantir de tous troubles et empechemens
« de droit et de fait en jugement et d'heors et leurs
« estres teneus de toute esviction universelle et part.
« a ces propres couts et dépens et d'autres part lesd.
« Antoine Feraud et Antoine Arnaud scindics au nom
« que dessus ont promis et promettent a lad. dame
« de Villeneusve presante stipulant come desus led,
« bellage melliorer et faire melliorer a lad. commu-

« nauté sans le deteriorer et lesd. surcens et service
« dun sol sy dessus impose et teneu payer a lad dame
« et a ses successeurs annuelement et t perpétuelle-
« ment come dessus en paix et sans proces et en faire
« deue reconnaissance du bellage toutes fois et la ou
« par la dame ou les siens a ladvenir seront recquis
« Cest nouveau bailh *a capiti daptionem*, paches par
« tout ce quest contenu au présent acte et instrument
« ont promis les parties contrahantes et quand a cha-
« cune dicelles touche tenir ferme et estable et ne
« contravanir ains le tout accomplir et de point en
« point comme dit est et pour ce lesd. parties contra-
« hantes se sont obligés lune a lautre et lautre à lautre
« assuré lesd Feraud et Arnaud scindics les tiens de
« lad université et lad. dame de Villeneusve tous et
« chacuns ses biens meubles et immeubles presans et
« advenir a la cour rigoureuse des submissions au
« siège de Digne a toutes autres cours de Provence et
« Forcalquier constitués renonsant les droits à ce con-
« traires, Ainsin lont jure de leurs mains estre tou-
« chées les escriptures et de tout ce que dessus chacu-
« ne desd. en a demande acte et instrument public leur
« estre fait par moy notaire royal soussigne fait et passe
« a Entrevennes dans la sale du chasteau de lad. dame
« en présence de Messire Roustang Aubert prètre.
« dud lieu dantrevenes et de honorat Gavan du lieu
« du Castelet temoins a ce prins et appeles et de moy
« Jean Ricaud notaire royal du lieu d'Antravenes qui
« des choses susd. nay pris la notte de laquelle ay
« fait extrait escript et esgrossé le presant instrument
« dautre main a moy comis et fait de ce collation en
« son propre original me suis de ma main et de mon
« sain autantic soubsigne en foy de ce requis de la

« partie de lad c.té dud. lieu de lescalle signe Jean
« Ricaud n.re. »

Ainsi qu'on a pu le remarquer, la dame de Malijai
ne se réserve, dans le contrat de vente, aucun droit
d'usage de l'eau ni pour elle ni pour les habitants du
lieu. Néanmoins, les propriétaires de Malijai, crurent
pouvoir user de l'eau, et prétendirent même un droit
de possession. Des réclamations s'élevèrent ; et, en
1615, les habitants de l'Escale assignèrent les habitants de Malijai par devant le lieutenant Général pour
es faire débouter de leur possession prétendue de
prendre l'eau sur le fossé. Les habitants de Malijai
prétendirent maintenir leur possession ; le procès alla
devant la cour. Là, les habitants de Malijai réclamè-
rent à l'Escale *le payement des tailles des propriétés
que le canal occupait dans leur terroir avec les arrérages de ces tailles.* Le procès menaçait d'être fort
long et fort dispendieux. Les parties eurent la sagesse
de ne pas poursuivre et de terminer leur différend par
une transaction dans laquelle il fut établi : 1° Que les
habitants de Malijai auraient le droit de prendre l'eau
sur le canal de l'Escale pour arroser leurs prés et
leurs propriétés, sans abus et sans que les habitants
de l'Escale puissent les en empêcher ni les troubler
au temps de l'arrosage. 2° Lorsque la prise viendra
à se rompre ou qu'il faudra recurer le canal depuis
leurs esparsières en haut, les habitants de Malijai
devront fournir des huit parts une de ce que pourra
coûter le travail, soit en argent, soit en hommes, et ce
annuellement et perpétuellement. 3° Que le grand
canal serait changé et mis à la place de celui où les
habitants de Malijai prennent l'eau, et ce, à frais communs. 4° Que la communauté de l'Escale payerait

dorénavant les tailles des terres occupées par le canal dans le terroir de Malijai, sauf la huitième partie de ces tailles, depuis l'esparsière jusqu'à la prise, mais qu'on la tiendrait quitte des arrérages de taille prétendus ; moyennant quoi, dit la transaction, « les deux « communautés renoncent à leur procès, diférents, « bibis en cause diceux, se quitent de toute pré- « tention et promètent den faire jamais aucune demande. »

Cet acte important fut fait et publié à Malijai dans la maison du sieur de Convertis en présence de Jean du Serre, prieur de Malijai, de Claude Aillaud de Thoard, de Blaize Buis, chapelier de Thoard, par Feraud, notaire de l'Escale et par Honoré Salvator notaire des Mées qui le reçut dans son protocole le 22 Décembre 1615..

Cependant, le seigneur de Malijai, auquel les consuls de l'Escale faisaient acte de reconnaissance chaque année en portant la cense de 4 sols, voulut exiger le droit de cense lods et trezain pour la portion de terre occupée par le canal. Après de longs pourparlers, on décida de s'en rapporter à l'arbitrage du prieur de Malijai et du Vicaire de l'Escale, 11 Septembre 1661.

Le seigneur de Malijai, même après l'arbitrage, n'en continuait pas moins à réclamer des droits prétendus et à troubler les habitants de l'Escale dans la jouissance de l'eau ; un procès était imminent. La communauté de l'Escale, fatiguée de ces vexations, résolut d'en finir, et dans un conseil général, décida qu'on se porterait à Pierre Taillée, pour examiner s'il ne serait pas possible d'y construire un canal dérivé de la Durance.

Mais les tentatives nombreuses, faites dans ce but ayant été infructueuses, il fallut songer à reprendre le canal de Malijai, sous peine de se voir privé d'eau tant pour le moulin que pour l'arrosage. Isabeau de Mazargues, dame de Malijai, leur vendit le terrain et la permission nécessaires moyennant la somme de 660 livres qu'elle laissa à la communauté sous la charge d'une pension perpétuelle de 33 livres (1). L'acte est du 18 octobre 1668. On se mit à l'œuvre et le nouveau canal de Malijai put amener les eaux dans le terroir de l'Escale dès 1670.

En 1701, les consuls de l'Escale reconnaissent tenir sous la majeure directe de Jacques Darlatan de Beaumont-Mazargues, seigneur de Malijai, la faculté qu'ils ont de prendre l'eau à la Bléone pour l'amener chez eux par le fossé nouveau et par l'ancien, sous les conditions stipulées dans l'acte du 18 octobre 1668. (2)

Nous dépasserions les limites que nous voulons assigner à cet article si nous relations en détail le long procès qu'un riche bourgeois de Malijai, nommé du Serre, intenta à l'Escale (1720), sous prétexte que lors de la création du nouveau fossé, on n'avait pas affermi suffisamment la cuvette du canal qui, durant un orage survenu en Septembre 1719, avait crevé et occassionné des ravages dans sa terre du Pesquyer. Ce procès n'est qu'une longue et odieuse chicane.

Cependant, la communauté de Malijai n'était pas toujours exacte à remplir son engagement de contribuer pour la huitième part au recurage et à l'entretien du fossé, et il fallut plusieurs fois l'y contraindre

(1) Cette pension de 33 livres fut déclarée éteinte par acte reçu par M° Brunet 21 Février 1727.

(2) Acte passé au château de Malijai. M° Maurel, notaire.

par un exploit d'ajournement, notamment en 1751
7 Avril.

Mentionnons, en terminant, que Joseph François
Davignon Darlatan, seigneur de Malijai intenta un
procès à l'Escale (22 juillet 1758) sous le ridicule
prétexte qu'on avait agrandi considérablement le
fossé du canal dans le terroir de Malijai ; il demandait, pour cet agrandissement, le droit de demi-lods
avec les arrérages depuis vingt-neuf ans. L'avocat de
l'Escale établit en principe que le droit de lods n'est
dû au seigneur que lorsque un bien soumis à sa
directe, passe, par titre légitime, des mains d'un
particulier à un autre ; or l'Escale n'ayant pas acquis
ce surplus de terrain, ne saurait en devoir le lods.
Tout au plus, ajoute l'avocat, pourrait-on voir dans
ces agrandissements opérés insensiblement, une usurpation involontaire ; mais, dans ce cas, il n'y aurait
que les riverains, c'est-à-dire les propriétaires de l'héritage usurpé, qui seraient fondés à se plaindre et non
pas le seigneur ; et, sur ce, l'avocat conclut au débou-
tement de la demande du sieur de Malijai.

Ajoutons que ce canal, dérivé de la Bléone en amont
de Malijai, actionne le moulin et arrose presque toute
la plaine de l'Escale.

II. CANAL DE PIERRE-TAILLÉE. Pour se soustraire
aux exigences et aux vexations du seigneur de Malijai
et couper court aux procès qu'occasionnait le canal
de la Bléone, les habitants de l'Escale conçurent le
projet de dériver un canal de la Durance, au quartier de Pierre-Taillée. De grands avantages devaient
résulter, pour la communauté, de la construction de
ce canal ; car outre qu'il les exonérait d'une cense,
redevance plus humiliante que coûteuse, qu'il les ren-

dait indépendants du seigneur et des habitants de Malijai, il devait arroser une plus grande étendue de
terrain tout en coûtant moins d'entretien et présentant
plus de garantie de solidité.

Aussi, le projet fut-il acclamé, la population l'ac-
cueillit avec enthousiasme, et, le 2 Février 1663, les
consuls accompagnés de quelques délégués se portèrent au quartier de Pierre-Taillée et prièrent un fontainier de niveler, pour voir si on pourrait prendre
l'eau ; lequel leur affirma « que se pourrait facilement
« faire et que lui-même en prendrait le prix-fait » .

De son côté, le seigneur voulut s'assurer si la chose
était faisable ; ayant fait venir le maitre-fontainier de
Volone, celui-ci déclara « que se trouve fassile....
« toute fois en fermant le pas qui esté entre les deux
« rochers de pierre taillade et que lui-même en prendra
« le prix-fait cy ansin esté trouvé a propos ».

Divers entrepreneurs se présentèrent, entr'autres
Scipion et Antoine Bontoux de Volone, qui s'offraient
à creuser et à conduire le canal jusqu'à un point déterminé pour la somme de 3000 livres ; ceci se passait le
11 Mars 1663. Le 13 Mai suivant, le prix-fait fût
délivré à Jean Mathieu Alloux, fontainier de Nice au
prix de 1300 écus, soit 3900 livres; le délivrataire
s'engage à conduire le fossé à travers la plaine jusqu'à
Chabimond (1), à faire les dépenses nécessaires *tant
pour ce qui concerne le roc qu'il faut conquaver
faire les crottes et acquaducs ou besoin sera.* Le
contrat porte qu'il ne sera expédié que 150 livres à la
fois à l'entrepreneur lequel fera le travail jusques au

(1) Nom d'une campagne située à l'extrémité du terroir, du
côté de Malijai, sur les bords de la voie ferrée.

*cocurant de l'argent qui luy sera baillé et non autre-
ment.* Mais déjà au 29 juin, les ressources disponibles
étaient épuisées, et la communauté ne pouvait même
pas compter sur le produit de la taille de l'année
courante, qui avait été engagée à Antoine Maurel de
Volone ; heureusement, cet honnête bourgeois consentit à leur laisser cette taille, sous la condition,
toutefois, que celle de l'année suivante tiendrait lieu
de celle de l'année courante. Les travaux, un moment
suspendus, furent repris le 11 Novembre. Afin d'en
accélérer l'exécution et de diminuer la dépense, il fut
décidé que les habitants y travailleraient à capage, sous
le contrôle et la surveillance de Pierre Clément qui
reçut de ce fait, des honoraires de 8 sous par jour. En
1664, il fallut vendre encore la taille de l'année suivante
et dès le 30 Août de cette même année 1664, les 3900
livres votées pour ce travail étaient épuisées (sauf 40
livres) sans que le canal fut terminé. Le conseil fut
assemblé et les consuls demandèrent ce qu'on voulait
faire, s'il y avait lieu de donner de l'argent à l'entrepreneur pour payer les ouvriers ou si l'on ferait tenir
rôle pour les faire payer par le trésorier *à tant moings
des tailles que les particuliers lui pourront devoir.* Le
conseil fut d'avis de faire payer les hommes par le
trésorier au moyen d'une parcelle générale et de fournir
à l'entrepreneur ce qui lui était nécessaire afin que le
canal fut construit avec toute la diligence possible. On
voit que la communauté ne reculait devant aucun
sacrifice pour mener son entreprise à bonne fin. Mais,
bien des obstacles imprévus lui restaient à surmonter,
bien des oppositions à vaincre.

Une partie importante des travaux était exécutée,
lorsque la Durance dans un de ces caprices qui lui

sont familiers changea complètement son lit, et se transporta du côté opposé à la prise projetée. Il fallut modifier le plan primitif, car il devenait impossible désormais, de prendre l'eau à Pierre Taillée et dans le terroir de l'Escale. «... Etait convenu de prendre « l'eau à Pierre taillade, lisons-nous dans la délibé- « ration du 19 7bre 1664, mais depuis le temps du « prix-fait, la rivière a changé son lit par consequent « la communauté privée de son deç in ce qui la obligée « a recourir a Claude de Matheron de Taillas daller — « avec eux a Volone prier le seigneur du lieu de lui « permettre de prendre l'eau dans le gravier de la « rivière a l'endroit du terroir dudit Volone au long « d'iceluy ». Pierre de Maurel, accorda la permission demandée moyennant la somme de 550 livres, payable à Aix, dans sa maison au prochain mois de Décembre.

Comme on le voit, c'était un bon prix pour la simple permission de percer un rocher situé dans le terroir de Volone et dans le lit même de la Durance. Et cependant, qui le croirait? le seigneur de ce pays parut regretter un moment de n'avoir pas suffisamment exploité l'occasion, en mettant son consentement à un taux plus élevé! car, le 9 novembre, il fit sommer la communauté de l'Escale de *cesser le travail qu'ils font dans le gravier de la Durance pour avoir l'eau.* Au reçu de cette injonction, le seigneur, le baile et les consuls de l'Escale partirent pour Aix afin de passer immédiatement le contrat arrêté le 19 septembre précédent. Le seigneur de Volone n'y fut pas. Le 9 Décembre, ils partirent de nouveau et allèrent le trouver au Pontet où il résidait ; Ils le supplièrent avec instances d'accepter les 550 livres convenues et de passer le contrat. Pierre de Maurel, qui, sans oser l'avouer, désirait des conditions plus avantageuses, revint sur sa parole et refusa obstinément de passer le contrat. En présence de cette obstination qui anéantissait les espérances de la communauté, et rendait inutiles tant de sacrifices déja faits, le seigneur de l'Escale eût l'idée de consulter M⁸ Chaud, avocat à la cour, qui lui conseilla d'adresser une requête au trésorier général de France, pour avoir raison de cette opposition, On le fit, et le mardi suivant, le seigneur de Volone fut assigné par devant le conseiller du roi, trésorier général de France, lequel, avant de rendre son arrêt, vint sur les lieux accompagné du procureur du roi et du greffier (1). Après bien des pourparlers et de nombreuses démarches, le seigneur de Volone dut céder ; il fit département de son opposition ; et, moyennant les 550 livres promises, consentit à l'ouverture du canal, *permit de faire ledit canal et trou qu'il faut faire au roc ou bon semblera à la communauté. (2).*

L'opposition du seigneur de Volone n'était pas la seule difficulté qu'il y eut à vaincre. Le quartier du Bourguet, aujourd'hui occupé en grande partie par le lit de la rivière, était un vignoble appartenant à des particuliers de Volone. Malgré les efforts tentés pour traiter à l'amiable on ne put s'entendre qu'avec Jean Mouranchon, qu'on indemnisa pour la partie de sa vigne occupée par le canal ; les autres allèrent en procès.

(1) Leurs vacations pour huit jours, s'élevèrent à la jolie somme de 575 livres 12 sous que la pauvre communauté de l'Escale dut emprunter.

(2) Acte reçu par M Loque, notaire à Manosque. 28 Avril 1665.

D'autre part, le défaut de fonds avait fait suspendre les travaux pour la troisième fois, et l'entrepreneur déclarait que si on ne l'occupait pas, il serait forcé d'abandonner l'œuvre commencée. En outre, et par suite du changement du lit de la rivière, il devenait indispensable de percer le rocher qui est au-delà du vallon, travail imprévu qui nécessitait un surcroît considérable de dépenses. On ne pouvait reculer devant cet obstacle, déja moralement vaincu par l'acquisition, à beaux deniers, du consentement du seigneur de Volone ; ce qui restait, était une affaire d'argent. Les sacrifices déja faits leur donnant du courage, ils résolurent d'aller jusqu'au bout. Il y avait justement dans le pays MM. Martin et Samat, d'Aix, « mestres copeurs de pierre qui avaient le prix-
« fait d'accomoder les chemins de Pierre Taillade, et
« qui s'offrirent.... de faire venir l'eau de la rivière
« de Durance en la prenant à l'endroit du Vallon des
« Lauses terroir de Volone, même de creuser le roc
« qui est au delà du vallon de Pierre Taillade et de
« crotter ledit vallon de Pierre Taillade si besoin est
« et se font fortz de faire venir l'eau » (1) Le conseil acquiesça et désigna quelques particuliers qu'il investit du pouvoir de conclure le marché et de faire tels actes ou emprunts qu'ils jugeraient nécessaires. Le contrat dont une copie fut expédiée au procureur d'Aix, portait que le prix-fait était conclu à raison de 2.000 livres, payables en trois termes (2). On se mit à l'œuvre et, au mois de Mars 1666, la partie la plus importante de ce nouveau travail étant terminée, les entrepreneurs demandèrent le second tiers de la somme promise.

(1) Arch. municip. délib. du 14 Mai 1665.
(2) Antoine Mayenc, d'Aix, servit de caution.

Mais, voici que le 23 mars, Fabre, huissier du président et du trésorier général de France, arriva d'Aix
porteur d'un verbal qui enjoignait à la communauté
de suspendre tout travail à la prise du canal, sous
peine de 500 livres d'amende. D'où pouvait bien venir
cette nouvelle opposition imprévue ? Les consuls se
le demandaient ; ils envoyèrent des députés à Aix pour
la faire vider. Il leur fut répondu « *que les consuls et*
« *communauté de Volone ont opposé,* et ne peuvent
« (ceux de l'Escale) obtenir la permission qu'au préa-
« lable la dicte opposition ne soit vuydée » (1). Une
assignation fût lancée et les consuls des deux communautés eurent à comparaître devant le président général pour défendre leurs droits,

Pendant ce temps, les entrepreneurs réclamaient ce
qui leur restait dû des 2000 livres. La communauté
craignant que ces nouveaux entrepreneurs ne fissent
comme les premiers, qui cherchaient avant tout, à
tirer l'argent, leur fit renouveler la promesse que les
paches du contrat seraient observées (30 mai). Le 21
septembre 1667 Monsieur de Matheron obtint que
l'opposition serait levée et que les travaux seraient
repris. Le furent-ils réellement ? une opposition nouvelle surgit-elle du côté de Volone ? Les archives municipales sont muettes sur ce point. Toujours est-il que
ce canal, qui arrivait déjà jusqu'au hameau de l'Hôte
fut complètement abandonné et que dès 1668, on
entama des pourparlers avec la dame de Malijai pour
dériver de nouveau le canal de la Bléone.

C'est ainsi qu'après quatre années de travaux et de
démarches sans nombre, après une dépense de 6450

(1) Antoine Mayenc, d'Aix, servit de caution.

livres, sans compter les journées payées par le trésorier sur la taille, les journées de capage, les frais de
procédure etc., etc., la communauté de l'Escale qui
avait triomphé de nombreux et puissants obstacles,
déjoué les caprices de la rivière, vaincu l'opposition
obstinée du seigneur et de la communauté de Volone,
dut abandonner cette œuvre poursuivie avec une ardeur
et une ténacité dignes d'un succès complet.

De tous ces travaux, il ne reste plus que quatre
tunnels pratiqués dans le poudingue, et quelques pans
de maçonnerie que les affouillements des eaux de la
Durance ont mis à jour, et que l'on peut voir encore
sur la rive gauche de la rivière en suivant son lit depuis le quartier de Pierre Taillée jusqu'au quartier
du Bourguet (1)

§ VI. Période révolutionnaire

Nous aurons peu à dire sur les évènements qui se
passèrent à l'Escale durant la période révolutionnaire.
Les archives municipales, vraie source des documents
originaux de cette époque, nous font défaut ; le peu
qui nous en reste, ne nous apprend rien de bien intéressant. Ce silence, ce défaut d'enthousiasme qui
contraste avec les démonstrations de joie des localités
voisines, peuvent s'expliquer par ce fait que, depuis
longtemps déjà, la révolution était faite à l'Escale, les
libertés avaient été conquises au prix des efforts et des

(1) Nous nous sommes attaché à donner un développement
détaillé à ce paragraphe et à multiplier les citations, afin de
couper court aux suppositions fantaisistes de ceux qui attribuent
sans raisons, une origine romaine à des restes de travaux qui,
comme on l'a vu, datent à peine de la seconde moitié du XVIIᵐᵉ
siècle.

sacrifices que l'on sait, et depuis cinquante ans, les habitants, maîtres chez eux, débarrassés du seigneur et des droits seigneuriaux jouissaient paisiblement des bienfaits d'un état social dont les autres communautés saluaient à peine l'aurore.

Quelques rares feuilles échappées à l'incurie des édiles et aux vicissitudes de plusieurs déménagements, telles que comptes de trésorier, parcelles de vacations, nous indiquent de loin en loin quelque fait isolé sans nous en faire connaître les circonstances. Un état dressé le 28 frimaire an II, par ordre des administrateurs du district de Sisteron pour aider à l'exécution de la loi du *maximum* ; (1) une parcelle de vacation de Pierre Boyer (1793) demandant cinq livres " pour avoir vaqué un jour pour arranter la paroisse et la chapelle de Sainte Consorce par ordre du district ; " une autre parcelle d'Antoine Belletrux, officier municipal demandant douze livres pour avoir porté les cloches à Sisteron et passé une journée à faire le rapport des ornements de l'église (1794) ; enfin, un relevé de compte portant achat de douze piques à 10 livres, raccommodage de plusieurs fusils et fourniture d'huile de la lampe du saint sacrement pour 3 ans à 100 ivres par an, tels sont les seuls renseignements dignes d'attention que nous fournissent les archives municipales de cette époque.

(1) Cette loi fixait le plus haut prix auquel les denrées pouvaient être vendues ; le dernier exemple de l'application de cette loi attentatoire à la liberté du commerce se fit en 1793. Cet état nous apprend qu'il y avait à l'Escale : 5 chevaux, 9 bœufs, 79 mulets, 79 bourriques, 1377 brebis, 86 cochons, 455 chèvres, 2 vaches, 486 quintaux de foin, 3102 de paille, 2 de vesce, 10 de trèfle, 600 de son, 26 de luzerne, 148 de cerclun. Il va sans dire que tous ces chiffres étaient approximatifs,

En vertu d'un arrêté du préfet en date du 25 ven-
tose, an 9, les habitants de l'Escale furent convoqués
à la mairie pour procéder à l'organisation de la garde
nationale. Jacques-Antoine Clément en fut nommé
commandant et Joseph Arnaud capitaine.

Un triste évènemènt qui vint bientôt après jeter la
consternation dans le pays, prouva que la prescription
du préfet était fondée. En effet, vers les premiers
jours de fructidor, an X, deux bergers de l'Escale
tombaient sous les coups de quelques bandits ; et un
jeune enfant qui se trouvait avec eux était précipité
du haut d'un rocher dans le fond d'un ravin. Il fut
assez heureux pour ne pas trouver la mort dans cette
chute, et les renseignements qu'il donna, firent arrê-
ter deux coupables ; c'étaient deux hommes qui avaient
été réputés jusqu'alors citoyens paisibles. (1)

Le 15 nivose, an XI, Monsieur de Lameth, préfet des
Basses-Alpes, envoya l'ordre de préparer le presbytère pour recevoir le desservant que l'Evêque venait
de nommer, de faire à l'église les réparations reconnues
nécessaires, et de se pourvoir des ornements et autres
objets indispensables à la décente célébration du culte.
Le maire réunit le conseil et représenta : " qu'en suite
de la révolution, l'église avait été dévastée, que des
ordres émanés du ci-devant district de Sisteron au
maire d'alors, avaient fait porter à Sisteron les vases
sacrés, les aubes, chasubles, chapes, et même les cloches ; avaient réduit l'église dans la dernière pénurie ;
que même il est de notoriété publique que faute d'ornements et des vases sacrés, la commune a été quelque temps sans prêtre, et que sans une personne cha-

(1) Souvenirs historiques, par Firmin Guichard. - V - p. 28.

ritable qui leur avait prêté des ornements et des vases sacrés, ils seraient encore sans prêtre, etc., etc.» A la suite de cette délibération et conformément à l'ordonnance préfectorale, la commune fit l'acquisition de vases sacrés ; et, pour alléger un peu la charge municipale, le maire Toppin proposa de désigner deux conseillers municipaux qui seraient chargés de faire une quête à domicile, dont le produit serait affecté aux réparations de l'Eglise. Ce fut lui et Jean Louis Trabuc qui eurent l'honneur et le mérite de cette bonne action.

En 1806, la commune supprima les fours de Vière, de Coulayès, de Bertrand et de Giraud, qu'on ne parvenait plus à affermer, et ne conserva plus que les fours du hameau de l'Hôte, du hameau des Cléments et du hameau d'Avril.

CHAPITRE V

~~~~~~~~~

HISTOIRE RELIGIEUSE

~~~~~~~~~

§ I. Prieuré de l'Escale

A la faveur des troubles du IXᵉ et du Xᵉ siècles, bon
nombre de seigneurs, dans le but d'étendre leur
domination et d'agrandir leurs domaines, avaient
envahi le patrimoine des églises, cherchant dans les
désordres du clergé séculier, un prétexte pour légiti-
mer leur usurpation sacrilège. Dans le cours des deux
siècles suivants, les descendants des usurpateurs
restituèrent, pour la plupart, ces biens injustement
acquis. Mais, au lieu d'opérer ces restitutions entre
les mains du clergé séculier, ils en dotèrent les éta-
blissements religieux très-puissants et très nombreux
à cette époque. De là, tant de donations aux diverses
abbayes qui fondèrent des prieurés un peu partout ;
de là aussi, tant de monastères qui jouirent jusqu'à
la révolution française, des dîmes et des revenus
divers d'un très grand nombre de paroisses.

Que se passa-t-il pour l'Escale ? On a vu précédemment que vers le XIe siècle, Pierre de Volone en était le seigneur temporel. Il se démit de ce bourg et du château de Besaudun en faveur de l'abbaye de St-Victor (1060). Quatre ans plus tard, il donna à la même abbaye les églises de Sainte Marie et de Sainte Consorce, construites au quartier de Mandanois (1064) ; il ajouta à cette donation quarante dextres du terrain contigu au deux églises, deux manses, un défend, le tout en franc-alleu avec toutes les dîmes afférentes.

Une fois en possession des deux églises, des terrains qui les entouraient et des deux manses, l'abbaye fit construire un monastère pour abriter les moines qui devaient desservir ces deux églises, et les frères lais destinés à exploiter les terres ; et nous voyons que c'est dans le *monastère de Mandanois* que, neuf ans après cette donation, fut passé l'acte par lequel Richelme céda à l'abbaye de Saint-Victor, le moulin et les vignes lui appartenant (1er avril 1073). Plusieurs riches personnages de la région suivirent l'exemple de Pierre de Volone et firent au monastère naissant des donations importantes. C'est ainsi qu'Isnard et Aizivelle lui cédèrent leur terre située entre l'église et la voie publique ; et que Umbert et Tomidie lui firent don, la même année, des propriétés et des moulins qu'ils possédaient au terroir de Malijai.

Grégoire VII confirma à Bernard de Ruthènes, abbé de Saint-Victor, le monastère de N.-D. de Mandanois, ainsi que l'Escale et Besaudun (4 juillet 1079). (1) Quelque temps après, les moines de Saint-

(1) Monasterium Sante Marie de Mandanuis. Cart. de St-Vict. N° 843.

Victor obtinrent les bénéfices de l'église paroissiale de Saint-Martin de Cornillon ; c'est ce que nous apprend une lettre du pape Pascal II, datée du 23 avril 1113, portant confirmation des bénéfices à Othon, abbé de Saint-Victor (1), et celle du pape Innocent II, à Pierre également abbé de Saint-Victor.

Bientôt des difficultés surgirent entre les moines de l'Escale et les chanoines de Chardavon au sujet des trois églises de Saint-Martin de Cornillon, de Besaudun, de l'Escale, du Chabert (2) et des domaines proprement seigneuriaux. Ce différend malheureux durait depuis longtemps et ne paraissait pas près de finir. Le pape intervint, et chargea l'archevêque d'Aix (Henri), l'évêque de Gap (Grégoire), assistés de Pierre évêque d'Apt et de Bermond, évêque de Sisteron, de mettre fin à cette longue contestation. On cita les parties à Sisteron. (L'évêque de Gap s'y fit représenter par Guillaume Borelly.) Une fois les allégations de part et d'autre entendues, et la déposition des témoins reçue, l'affaire fut terminée amiablement de la manière suivante: l'église de l'Escale avec ses attenances et ses revenus, tant du Bourguet que de Vière, le Chabert, les domaines proprement seigneuriaux furent attribués aux moines de Saint-Victor; l'église de Besaudun avec son droit paroissial, l'église de Saint-Martin de Cornillon avec ses domaines seigneu-

_____

(1) .....In episcopatu Vapicensi cellam Sante Marie de Mandanuis *(Mandanaes)*..... ecclesiam parrochialem de Scala, Sancti Martini de Cornillon.

(2) Le Chabert, *campo barbe,* est un hameau de St-Geniez-Dromon qui appartenait à Pierre de Volone et avait dû être donné antérieurement par lui aux moines de Saint-Victor. On sait que Chardavon résidence des chanoines n'est pas éloigné du Chabert

riaux et les dîmes en provenant furent attribués aux chanoines de Chardavon. Il fut convenu en outre, que chaque église possèderait entièrement et sans diminution les mortalages qui lui écherraient, et que chaque paroissien serait enseveli dans l'église qu'il aurait choisie, et que quiconque mourrait intestat serait enseveli dans sa propre paroisse. Cet acte fut passé à Sisteron, l'an 1180, indiction XIII, en présence des témoins : Guidot, prévôt d'Aix ; Pierre Gros, prévôt de Forcalquier ; maître Etienne, chanoine d'Apt et Hugues Raimond, légiste ; il fut approuvé et confirmé par le pape Lucius III dans une lettre qu'il adressa au prieur Raimond et aux frères de Mandanois le 4 avril 1184.

Quelques années plus tard, Bertrand Raimbaud, vassal de l'abbé de Saint-Victor, commit des empiètements sur les terres et les droits des hommes d'église de l'Escale. Il ne se gênait nullement pour prélever des impôts sur eux, pour leur imposer des servitudes, les contraindre au guet, au vintain, contrairement à la foi jurée.

Non content de leur faire subir des vexations de tout genre, il en vint jusqu'à se liguer avec le sennemis du monastère, et faire cause commune avec eux contre les moines et les gens d'église qu'il avait le devoir de protéger. De là, de nombreux différents avec le prieur Raimond qui fit part de cet état de choses à Austorge, abbé de Saint-Victor. Celui-ci intervint ; et, dans une circonstance que nous avons rappelée au chapitre III de cet ouvrage, se fit prêter solennellement hommage par Bertrand Raimbaud, dont il était le suzerain, détermina authentiquement les droits et les devoirs de chacun, et établit un modus vivendi sur les points principaux de la discussion.

Dans des temps moins reculés, (1337) le prieur de Mandanois figure parmi ceux qui, chaque année, devaient payer une redevance en espèces à l'abbé de Saint-Victor. (1) A cette époque, le prieuré de Mandanois était certainement encore prieuré conventuel. Jusqu'en quelle année dura la conventualité ? Nous manquons de documents pour le déterminer d'une manière précise. Peut-être jusqu'aux guerres de religion ? Peut-être jusqu'à l'époque où le clergé s'étant réformé, et l'église pouvant se passer des religieux pour le service des paroisses, leur enleva l'administration des cures et leur ordonna de se retirer dans les cloîtres. Quoiqu'il en soit, en se retirant, les moines de Saint-Victor emportèrent les titres et les droits des curés primitifs, et surtout le droit de dime dont ils étaient possesseurs légitimes pendant qu'ils administraient les sacrements. Ils retinrent ainsi pour eux et au profit de leur abbaye les droits pécuniaires et honorifiques des paroisses qu'ils n'avaient plus le droit d'administrer, et se déchargèrent sur des prêtres gagistes des fonctions laborieuses du ministère. De là naquit cette distinction abusive de *décimateur* et de *pasteur* ; le décimateur, vivant grassement de l'autel sans le servir, et le pasteur, supportant la peine, vivant de la portion congrue, bien souvent insuffisante à ses besoins.

Vers 1600, le prieuré de Mandanois n'était plus conventuel que par habitude, n'y ayant plus de religieux en résidence depuis plus de 40 ans. En 1707, il tombe en commende, et en 1717, il n'est plus que prieuré simple, à simple tonsure, s'obtenant par simple

(1) Cart. de St-Vict. N° 1131.

signature, sans bulle du pape, et pouvait être conféré à un prieur qui n'était pas prêtre (1). Il était à la collation tour à tour de l'abbé de Saint-Victor et du chapitre.

Quant à la cure de l'Escale, comprise dans l'archiprêtré de Provence, diocèse de Gap, elle était à la collation de l'Evêque, à la portion congrue, et quelques petites fondations (2).

§ II. Revenus et charges.

Les revenus du prieuré de l'Escale paraissent avoir été considérables, eu égard au peu d'importance du pays. Ils se composaient du produit des biens d'église, de la dîme et des revenus paroissiaux.

Au XVIIme siècle, les biens d'église occupaient une superficie de 75.689 cannes du meilleur fonds, et composaient environ 26 charges de semence, se répartissant comme il suit : terre de clastre, 4 charges ; terre des amandiers, 8 émines ; la condamine et la terre de nogerie, 12 charges ; la mandoulière *sive* pied de coste, 2 charges ; colonge, 4 charges.

La dîme se percevait au trézain sur tous les grains raisins, chanvres, agneaux et chevreaux dans les biens roturiers, et au vingtain dans les biens nobles.

Si nous voulons savoir exactement la valeur en numéraire que représentait cette dîme, nous n'avons qu'à jeter un coup d'œil sur le procès-verbal d'enquête concernant les revenus de tous les bénéfices du dio-

(1) On sait que les prieurés conventuels ne pouvaient pas s'obtenir sans bulle et qu'on ne les donnait qu'à condition d'être prêtre dans l'année.

(2) Pouillé du diocèse de Gap. N° 171.

cèse de Gap, dressé par le conseiller de Périer, délégué à cet effet par les syndics du clergé. Nous y voyons que la dimerie de l'Escale produit, en moyenne, 75 charges de grains par an, mesure de Sisteron ; 350 coupes de vin valant en moyenne 14 sols la coupe ; environ quarante agneaux ou chevreaux valant 15 sols pièce ; trois quintaux de chanvre à raison de 4 écus le quintal, plus une charge de graine. (1)

Le prieur affermait ordinairement son prieuré avec le droit de dîme pour une somme convenue, qui depuis l'année 1603, alla toujours en augmentant et atteignit même la somme de 2.800 livres. 1746. (2)

A ces revenus, correspondaient les charges suivantes. Le prieur devait fournir : 1º 300 livres de portion congrue au vicaire perpétuel, dont 40 livres pour clerc, luminaire, et droit de novales, (3) 2º 150 livres au secondaire, 3º 290 livres pour décimes ordinaires et extraordinaires et don gratuit, 4º 90 livres pour le prédicateur du carême, suivant la sentence de visite de l'évê-

---

(1) Dans la dimerie de l'Escale, l'usage était d'avertir le collecteur de la dîme qui devait venir la prélever dans les 24 heures sur l'aire, aux champs ou à la maison, suivant la nature du produit à dîmer.

(2) Les fermiers de la dîme étaient pour l'ordinaire des gens de Volone, des Mées ou de Sisteron qui, n'étant pas sur les lieux n'entretenaient pas les propriétés, laissaient verser les torrents, faisaient des procès aux voisins pour enlèvement de récoltes ; ces considérations engagèrent souvent la communauté à demander pour elle la ferme de la dîme ; elle ne parvint jamais à l'avoir

(3) Le vicaire perpétuel, ne pouvant, sur cette modeste congrue, prélever les frais d'huile pour la lampe, qui étaient à la charge du décimateur, les faisait payer à la communauté ; en 1667 on intenta un procès en restitution au vicaire perpétuel ; puis, mieux avisée, la communauté se départit de ce procès et se pourvut contre le prieur.

que de Gap; 3 août 1612, (1) 5° Deux charges de
métadier pour la 24ᵐ⁺. (2)

Il avait en outre à sa charge la fourniture et l'entretien du linge d'autel, des ornements, des vases
sacrés et de tout ce qui était nécessaire à l'exercice du
culte. De plus, il devait contribuer pour un tiers
aux cloches (3) et payer les frais occasionnés par les
visites épiscopales. Quoique ces charges fussent assez
lourdes, il restait encore, tous frais prélevés, un revenu
convenable au prieur qui n'avait d'autre peine que
celle de percevoir et qui faisait à peine une apparition
de loin en loin dans son bénéfice.

Nous ne saurions clore ce paragraphe des revenus
du prieuré, sans donner un aperçu du long et curieux
procès auquel donna lieu la perception de la dîme
des oignons et des haricots dans la communauté de
l'Escale. Il est instructif en plus d'un point.

Lorsque le nouveau canal de Malijai qui arrosait
la vaste plaine de l'Escale eut été terminé, les habitants couvrirent d'aulx et d'oignons (4) la plus

(1) Le prieur avait tenté de supprimer cette allocation et la
prédication du carême. « sont estés priés par M. le prieur de
« desvertir la prédication de toute la caresme et se contenter
des festes et dimanches ». Le conseil répondit que l'ord. épiscop.
serait observée de point en point. Arch. munic. de l. 1617. 9 août·

(2) Transact. pass·e à Aix, notaire Beaufort 1624 — En 1710, à
l'époque du procès dont nous parlerons tantôt, la communauté
ne se contenta plus des deux charges et demanda au prieur
une aumône proportionnée à l'augmentation du revenu de son
bénéfice conformément aux sentences de visite de l'Evêque de
Gap.

(3) Sentences de visite des Evêq. de Gap. 13 juin 1602 et 3 août
1612. Arch. des Htes-Alpes.·

(4) De là cette phrase de Louvet : « Voulone et l'Escale fourni-
raient d'aux et d'oignons à la moitié de la province. » Louvet,
abrégé de l'histoire de prov. t. 1. p. 291.

grande partie de leurs terres afin d'utiliser leur
terrain devenu plus productif, et surtout afin de sortir, par ce genre de culture, de l'état de gêne où les
avaient réduits les frais de construction du nouveau
canal et l'entreprise malheureuse de celui de Pierre-
taillée. Les fermiers du prieuré se hâtèrent d'en réclamer la dime, prétendant qu'elle était dûe en règle
générale sur tous les produits du terroir, et que ces
légumes, récoltés dans des proportions qui dépassaient
de beaucoup la consommation ordinaire, n'étaient
qu'une subrogation au blé. Les propriétaires
refusèrent de se soumettre à ces exigences; ils allé-
guèrent que la dime étant un droit de coutume, il
fallait suivre la coutume, et que, n'ayant jamais payé
la dime des aulx et des oignons, ils ne la devaient
pas. Une sentence du lieutenant de Sisteron, datée
du 17 octobre 1672 condamna les propriétaires à se
soumettre à ce nouvel impôt. Ceux-ci, ne se tinrent
pas pour battus, et relevèrent appel de ce jugement
par-devant la cour; mais n'ayant pu trouver d'avocat
qui consentit à les défendre, ils transigèrent avec le
prieur le 15 mai 1673.

Cependant, persuadés au fond, qu'ils ne devaient
pas cette dime, ils cherchèrent un expédient pour
éluder les prétendus droits du prieur, et, abandonnant
la culture des aulx et des oignons qui désormais
étaient décimables, ils couvrirent leurs terres de haricots, « les regardant et les voulant faire passer pour
« comme des *ortolailles*, » dit la délibération (1).

(1) Ortolaille (de *hortus*, jardin) s'entend parmi les cultivateurs, de tout légume qu'on cultive dans les jardins pour la
consommation journalière. Le produit des jardins n'était pas
soumis à la dime.

Les fermiers de la dîme se pourvurent pardevant le lieutenant de Sisteron qui ordonna aux consuls de vérifier si les habitants étaient en possession depuis le temps de droit.(c'est-à-dire depuis 40 ans) de semer des haricots par dessus leur usage dans les terres labourables et sans en payer la dîme. 1684.

Le lieutenant aurait dû lancer cette preuve, non pas sur la communauté qui était défenderesse, mais sur les fermiers qui étaient demandeurs. La communauté comprit bien vite que le juge voulait baser sa sentence sur la prescription ; or, comme elle ne pouvait pas prouver qu'elle exploitait ce genre de culture depuis le temps de droit, la sentence à venir l'aurait forcément condamnée à payer cette dîme. Les consuls en appelèrent donc de l'ordonnance du lieutenant ; les fermiers de la dîme en firent autant et l'instance demeura *impoursuivie* jusqu'en 1711, où ces derniers essayèrent de la faire déclarer périmée ; la communauté s'y opposa. Alors intervint Messire de Laidet, prieur, qui demanda à être reçu partie intervenante dans l'instance ; ce qui lui fut accordé, malgré les protestations de la communauté, par arrêt contradictoire du 15 février 1712.

Le procès s'ouvrit. L'avocat du prieur prétendit que, la dîme étant imprescriptible et n'étant pas altérée par le changement des fonds ni de la culture, dès lors que son client avait le droit de dîmer au trézain sur tout le terroir de l'Escale, il était fondé à prendre la dîme sur tous les fruits que ces fonds produisent ; et qu'enfin, les haricots étant subrogés au blé, ils sont décimables comme le blé l'était. « La question, dit « l'avocat, aboutit à ruiner le bénéfice en faisant dis- « paraitre tout le revenu ; car, ajoute-t-il, s'ils réus-

« sissent, ils ne feront plus que des haricots et aban-
« donneront la culture des grains soumis à la dime,
« ce qui est horrible à penser! »

L'avocat de la communauté n'eut pas de peine à
renverser cette argumentation. Il établit d'abord que
le bénéfice n'est pas ruiné puisqu'il produit un revenu
de 2000 livres alors qu'en 1603, il n'en rendait que
510; et pour calmer les appréhensions du prieur à ce
sujet, il lui offre ou bien 1500 livres pour sa dime,
comme on fait au prieur de Volone, ou bien 75 charges de blé et la quantité de vin portée dans le procès-
verbal de M. Le Périer.

Passant ensuite à la première proposition, savoir:
les haricots sont décimables parce qu'ils sont subrogés
au blé; il dit qu'on ne sème des haricots que sur le
chaume de suite après la récolte du blé, ou sur les
guérets, l'année que la terre repose. Or, ni dans l'un
ni dans l'autre cas, le cours du blé n'est interrompu;
car sur les guérets, on les sème en avril, mai, juin,
pour les recueillir en août et septembre et semer le
blé ensuite; sur le chaume, on les sème de suite après
la moisson pour les récolter en octobre. Loin que
cette culture porte préjudice au blé, elle est, au contraire, une préparation avantageuse pour en avoir du plus
beau et en plus grande quantité.

Abordant ensuite la question de l'imprescriptibilité
de la dime, l'avocat en distingue deux sortes, la grosse
dime et la menue dime. La grosse dime, comprenant
le blé, le seigle, le vin, l'orge, l'avoine, etc., est imprescriptible quant à sa substance parce qu'elle a son
fondement dans les constitutions canoniques et les
ordonnances de nos rois. La menue dime est condamnée par l'ordonnance de Philippe le Bel, dite la

Philippine, de l'an 1303, qui fait la loi genérale en France, et par l'ordonnance de François 1er, 20 avril 1535, rédigée pour la Provence et qui en fait la loi particulière. Elle ne pourrait être levée qu'en vertu de la prescription que le décimateur en aurait faite par une possession légitime pendant le temps de droit. Le mot « Légumes » que le prieur a fait insérer intentionnellement dans quelques-uns de ses baux à ferme, ne peut comprendre les haricots ; car dans les menues dîmes, qui sont insolites, il faut une expression spécifique, le droit odieux se bornant dans les espèces exprimées. A l'appui de son argumentation, il présente à la cour divers certificats délivrés par les communautés des Mées, de Mirabeau, de Volone, de Malijai, établissant que la culture des haricots ne nuit pas au blé, et que jamais les prieurs n'ont dîmé les haricots, pas plus que les aulx et les oignons. Il ajoute que la transaction touchant les aulx, notamment, a été passée par surprise, par un consul *illitéré*, sous de faux prétextes, et qu'aucun autre décimateur dans la province, ne lève la dime des aulx. « Que le prieur, « dit-il, ne nous reproche pas de plaider pour dimi- « nuer le revenu de son bénéfice!... il sait bien que « nous sommes plus exacts à lui payer la dime qu'il « ne l'est lui-même à remplir toutes les obligations « que son bénéfice lui impose, puisqu'il refuse non « seulement de faire l'aumône aux pauvres à laquelle « il est obligé par des transactions et des sentences de « Monseigneur l'Evêque... mais encore s'étant dé- « chargé sur un curé du pénible fardeau des fonctions « curiales, il l'a fait plaider pour tâcher de lui refuser « une congrue qu'aucun décimateur n'avait encore « contesté. Enfin, dit-il en finissant, c'est ici un prieur

« qui ne portant pas même le poids du joug (*sic*) et
« de la chaleur, pour parler le langage de l'Ecriture,
« puisqu'il n'est pas seulement prêtre, a des revenus
« considérables, tandis que cette pauvre communauté
« est accablée de surcharges. » Chaudon.

Sans entrer dans de plus longs détails, terminons
en disant que la cour ordonna « que le sieur de Laidet
« vérifierait *dans trois mois* par toute sorte de preuves
« que lui et ses prédécesseurs sont en droit depuis
« quarante ans avant l'introduction de l'instance des
« fermiers, de percevoir la dîme sur les haricots de
« l'Escale ; et les consuls de la communauté le con-
« traire dans le même temps, si bon leur semble, et
« faute de ce faire dans le dit temps, iceluy passe, dès
« maintenant comme pour lors a mis les consuls et
« communauté de l'Escale hors de cour et de procès,
« condamne néanmoins le dit Laidet aux dépens depuis
« la requête d'intervention par lui donnée, ensemble à
« tous ceux de l'arrêt. »

Cet arrêt fut rendu à Aix le 30 mars 1713.

§ III. Etat religieux.

Après que les moines de Saint-Victor se furent reti-
rés de l'Escale et que le couvent eut été abandonné, le
service religieux de la paroisse fut confié à deux prêtres
séculiers dont l'un porta le titre de vicaire perpétuel,
et l'autre celui de secondaire. Ces deux prêtres furent
chargés d'assurer le service religieux à tous les habitants des hameaux qui formèrent la paroisse de l'Escale, dépendant de l'archiprêtré de Provence, diocèse
de Gap (1). L'église de Saint-Michel de Vière conser-

(1) La paroisse de l'Escale a relevé du diocèse de Gap jusqu'à
la nouvelle circonscription des diocèses.

va cependant quelque temps encore le titre d'église
paroissiale, grâce à l'influence du seigneur du lieu qui
habitait Vière. Un décret de l'Evêque de Gap, daté
du 3 novembre 1641 enjoint au vicaire de l'Escale
« d'aller célébrer journellement la sainte messe à
« Saint-Michel et les dimanches et fêtes une haute
« messe, disant que l'église dudict Saint-Michel c'est
« l'église parrochiale dudict lieu. » Nous reviendrons
sur ce point en parlant de cette église dans un paragraphe spécial.

I CONFRÉRIE DU SAINT-ROSAIRE. La confrérie du
Saint-Rosaire existait à l'Escale dès avant l'année 1662.
Nous n'avons pu trouver l'acte d'érection ; mais une
délibération municipale du 17 septembre 1662. attribue
au luminaire de cette confrérie un tiers des amendes
à infliger à ceux qui vendangeront avant l'époque
assignée par le conseil.

II CONFRÉRIE DES PÉNITENTS. Les habitants de l'Escale avaient demandé à Monseigneur l'Evêque de Gap
de vouloir bien ériger dans leur paroisse une confrérie
de pénitents blancs. Par décret du 7 avril 1709, le
seigneur évêque de Gap permit l'érection de cette
confrérie sous le titre de Saint-Jean-Baptiste, et mit
pour condition que la nouvelle confrérie serait unie à
celle de Volone. Le lieu de réunion pour les exercices
religieux était la chapelle de Sainte Consorce, située
à côté de l'église paroissiale. Cette confrérie s'est main-
tenue jusqu'à ces derniers temps, puisque la dernière
délibération du conseil date du 12 mars 1882. Depuis,
quelques rares confrères plus fervents sont allés encore
de temps en temps chanter l'office ; mais on prévoit
que le temps n'est pas loin où elle n'existera plus qu'à
l'état de souvenir.

Il est peu de pays, à notre connaissance, où les processions fussent multipliées comme à l'Escale. Le but que se proposaient les pieux habitants de cette localité en multipliant ainsi ces manifestations de leur foi, était d'obtenir de Dieu la conservation des fruits de leur terroir. Outre les processions liturgiques, communes à toutes les paroisses du diocèse de Gap, la paroisse de l'Escale allait en procession : 1º le 1er mai, à l'église de St-Michel, ancienne paroisse ; 2º Le jour de l'Ascension on allait à St-Michel et on faisait processionnellement le tour du terroir, cérémonie qui durait presque toute une longue journée ; 3º le mardi de la Pentecôte on se rendait aux trois hameaux ; 4º le 22 juin, « comme de louable et ancienne coustume, « on célébrait la feste de Sainte Consorce patrone de « ceste paroisse », on faisait la procession aux trois hameaux. 5º Le jour de la fête de St-Jean, on faisait la procession autour de la plaine ; 6º Le Dimanche de la Trinité, on se rendait et on se rend encore aujourd'hui à l'ermitage de Saint Joseph de la Pérusse, à 6 heures de marche à travers les collines ; 7º Le 30 juillet on célébrait la fête des Sts Abdon et Sennen et on se rendait processionnellement à l'oratoire dédié à ces deux Saints ; on allait même en pélérinage à l'ermitage de Notre Dame de Lure (1). Par lettre du 19 mai 1754, l'Évêque de Gap avait voulu restreindre le nombre et le parcours de quelques-unes de ces processions. La population protesta et les processions furent maintenues, sinon en droit, du moins en fait.

Un fait qui dénote l'esprit religieux de ce pays est l'en-

(1) ... « cinq livres payées au barquier de Volone pour le passage à la « barque de la procession qui allait à N. D. deLhure». Arch. municip. comptes du trésorier. Année 1655.

gagement que prit le conseil de chômer le Jeudi-Saint.
Voici l'extrait de délibération où fut pris cet engagement :
« ..... remonstrent lesdits consuls que leur a esté re-
« présenté par Monsieur de l'Escale et autres apparants
« du lieu comme ayant esté en l'année dernière afligés
« par le vouloir de Dieu d'une tempeste qui leur avait
« emporté la plus grande partie des fruits du terroir
« dudict lieu et par ce moyen ils ont requis d'assem-
« bler le présent conseilh pour former un vœu à Dieu
« et à la Saincte Vierge de fere celebrer la feste du
« Judy-Saint a ceste intention laquelle feste sera célé-
« brée par tous les habitans dudict lieu et dans ledict
« terroir..... le present conseilh dun bon et comun
« accort et sans discrepance ont ordonne que icelle
« feste sera solannisée et celebrée comme le sainct
« Dimanche par tous les habitans dudict lieu et son
« terroir sur la peyne de 4 livres a chacun que se trou-
« vera défaillant et aplicable a la luminaire de leglise de
« N. D. de Mandanois. » (1)
L'évêque dut intervenir plus tard pour défendre
qu'on chômât d'autres fêtes que celles marquées dans
les ordonnances.

Notons en passant la défense faite par Mgr du Serre,
évêque de Gap, en cours de visite pastorale « de ne
« se treuver aux lieux de danse et cabarets aux jours
« de dimanches et festes pendant que le divin office
« se faict du matin et a vespres, ni de regnier et blas-
« phémer le sainct nom de Dieu a peyne de cent souls
« damande dont a present declare pour chacun et
« chacune fois applicable a une œuvre pie. » (2)

---

(1) Arch. municip. Délib. du 25 mars 1651.
(1) Arch. des H.-Alpes. Sentence de visit. 1602, 13 juin. G. 800.

Mentionnons aussi la « permission et licence don-
« née pour bonnes considérations de travailler et faire
« travailler a la moisson en cas de danger ensamble
« pour labourage de leurs terres pour les semences
« *tant seulement* et ce aux jours des festes qui echer-
« ront depuis la feste de St-Jean-Baptiste jusque a la
« feste de tous les Saints exclusivement fors les diman-
« ches et festes de l'Assomp tion et nativité. » (1)

Outre les prédica tions du carême qui avaient lieu
tous les jours, excepté le samedi et les deux jours pré-
cédant le venlreli-saint (2), on prêchait chaque année
quelques jours avant le 22 juin, et pour clôturer ce
jour là, « le pardon de Madame Sainte Consorce »
indulgence accordée par l'Evêque de Gap. C'était ordinairement un capucin de Sisteron qui s'acquittait de
cette fonction. (3)

Ici, comme dans beaucoup de paroisses, on prati-
quait les exorcismes contre les insectes qui compro-
mettaient les récoltes, et nous rencontrons souvent
dans les parcelles des consuls ou les décharges des
trésoriers, des articles comme ceux-ci : 6 livres pour
aller chercher la permission de faire l'adjuration des
chenilles (1665); 3 livres pour aller à Gap chercher
le pouvoir d'exconjurer les chenilles (1695) etc., etc,
Nous avons même trouvé qu'on se servit une fois de

(1) Arch des H.-Alpes. G. 810. 1612. 3 août.

(2) La station était toujours prêchée par des prédicateurs
étrangers, aux frais du prieur qui prélevait chaque année à cet
effet 90 livres sur les revenus de son bénéfice. En 1665, il vint
cinq pères pour prêcher le carême.

(3) En 1661, ce fut le père Joachim, capucin de Sisteron, qui
prêcha le pardon « qui est encore pour cinq ans ». En 1705, 3 liv.
données à un exprès pour aller quérir à Gap le mandat de Mr
Arnaud, prêtre, et les indulgences de Madame Sainte Consorce
Arch. municip. comptes du trésorier et passim.

l'excommunication pour arriver à connaître celui qui avait soustrait les comptes du trésorier. « ..... nous « ont desrobé les papiers dans larchive de la com- « munauté en septembre dernier dont ils ont fait faire « verbal... n'ont pu avoir aucune notice de ceux qui « ont fait ledit larrassin *(sic)* mais y douttent a peu « pres ceux qui le peuvent avoir faict et ne peuvent « tirer la vérité que par une excommunication gene- « ralle et particuliere, se pourvoient par d ant le vice- « legat de Sa Saintete. » Les comptes du trésorier de cette même année 1657, font mention d'une somme de 4 livres au Grand Vicaire de Gap pour obtenir per- mission de publier le monitoire touchant le larcin des papiers de la communauté.

L'esprit religieux qui caractérisait cette paroisse avait survécu à la tourmente révolutionnaire. Il n'a bien commencé à s'affaiblir qu'à partir de ces vingt dernières années, grâce à l'esprit d'irréligion qui souf- fle partout, et à la diffusion des mauvais journaux et des livres immoraux et impies que quelques adeptes des sociétés secrètes ont introduit dans le pays.

§ IV. Etablissements charitables.

I Hôpital saint-jacques. Il est fait mention ça et là dans les archives municipales d'un hôpital St-Jacques qui a dû exister à l'Escale; mais nous ne connaissons ni la date de sa fondation, si son emplacement ni ses revenus.

II Fondations. Arnaud Jacques, vicaire perpétuel du lieu, avait laissé par testament la somme de 600 livres aux pauvres. Les intérêts de cette somme de- vaient servir, suivant les intentions du testateur, à ma-

rier les filles pauvres, et à donner des métiers aux gar-
çons du pays, dépourvus de fortune. Suivant l'ordre
de l'intendant, (1734) cette somme devait rester perpétuellement entre les mains de la communauté.

Le même Arnaud, fit un legs de 180 livres, pour
faire construire dans l'église, une chapelle dédiée à
St-Joseph agonisant. Ce qui fut fait en 1742.

§ V. Chapellenies.

I SAINTE MADELEINE. Cette chapelle, dont on recon-
naît à peine l'emplacement, était située au dessus du
hameau des Cléments, à droite du chemin qui conduit
au hameau de Vière. Elle a une origine assez reculée ;
car nous lisons dans les fonds inédits de Saint-Victor
(H. 281), que vers l'année 1340, Aman Eydoux, de
l'Escale, donna à Raymond de Jarjayes, prieur de
Mandanois, une terre située au quartier du Clot, à
la condition qu'après lui, cette terre passerait à la
chapellenie de Sainte-Madeleine. En 1352, cette chapellenie fut donnée à Pierre de Verdane, moine de
Saint-Victor, par Baudon Flotte, co seigneur de l'Escale, qui s'en réserva le jus-patronat pour lui et pour
les siens. (Arch. des B.-du-R. H. 313.)

Vers 1597, cette chapelle était avantageusement
dotée. Le livre terrier de cette époque nous apprend
que la chapelle du *Luech Madalen* possédait : 1° « Une
« terre de quatre sestiers à Combaugiers ; 2° une vi-
« gne de cinq fosserées au Toronet ; 3° une terre à
« las graves contenant miège charge en semense ; 4°
« deux cartes de pré à la Pallut et au Pontet ; 5° Deux
« cartes au moulin et un autre pré à la pallut. Mais,
En 1613, Henry Amalric qui en était chapelain ne

retirait plus que deux écus 24-livres : et en 1717, Messire de Saint Romain, prêtre bénéficier de la cathédrale de Digne qui en était titulaire, ne percevait que 40 livres ou deux charges de blé.

La charge était la célébration d'une messe par an.

C'est l'évêque de Gap qui en était collateur.

II SAINT MARTIN DE CORNILLON. Nous avons dit précédemment que vers le douzième siècle, le petit village de Saint Martin de Cornillon possédait une église paroissiale. Le bref divisionnal de 1180, qui trancha le différend survenu entre les moines de Saint Victor et les chanoines de Chardavon, attribua à ces derniers les revenus paroissiaux de cette église. Les chanoines de Chardavon, gardèrent toujours ce bénéfice ; et lorsque, le village ayant disparu, il ne resta plus qu'une pauvre chapelle, le prieur de Chardavon attribua ce très minime bénéfice au prieur de Vilhosc, dépendant lui-même de Chardavon.

Dans le verbal que monsieur Le Périer dressa en 1613 pour procéder au nouveau régalement des décimes du diocèse de Gap, nous lisons que le prieur de Vilhosc prend la dîme à une propriété appartenant à Jean Maurenc, située à Saint Martin de Cornillon, laquelle dîme consiste en une charge de raisins par an. « De plus, le prieur de Vilhosc a quelques services « sur aucunes propriétés audit Escale, tenues par les « particuliers d'illec dépendant dudit Saint Martin « de Cornillon, membre dudit prieuré de Vilhosc, « avec droit de lods en cas de vente, ne sachant par- « ticulièrement ce que peut valoir ce droit de lods et « service disant que c'est fort peu de chose. »

Ce bénéfice était possédé sous charge d'une messe à dire annuellement.

Il ne reste plus même de ruines de cette chapelle.

III. NOTRE-DAME DE BON SECOURS. Cette chapellenie était située dans le terroir des Mées; mais elle avait dans le terroir de l'Escale, au quartier de la Grand-Vigne, une terre de la contenance de 11264 cannes, que le chapelain arrentait pour cinq charges de froment par an.

§ VI. Edifices religieux.

I. SAINT-PIERRE. Il existait autrefois sur le côteau de Besaudun une chapelle dédiée à Saint-Pierre, qui était sans doute, comme celle de Saint-Martin de Cornillon, un dernier souvenir de l'église paroissiale de Besaudun. Les vieillards de l'endroit disent qu'autrefois leurs pères faisaient halte à cette chapelle au cours de la longue procession du jour de l'Ascension. On y voit bien encore quelques débris de maçonnerie, mais il serait difficile d'y reconnaître les restes et l'emplacement d'une chapelle.

II. SAINTE-ANNE DE COULAYES. Dans le hameau de Coulayës dont nous avons parlé au chapitre 1er de cet ouvrage, existe une chapelle rurale très exiguë sous le vocable de Sainte Anne. De quelle époque date sa construction ? Les archives municipales et les archives du diocèse de Gap n'en parlent point, et la structure du monument ne permet pas une supposition à cet égard. Il y a un caveau au milieu de la chapelle; le campanile est muni d'une cloche, et l'autel est surmonté d'un tableau de Ste Anne exécuté par Lamberty en 1884. On y va processionnellement et on y dit la messe le Dimanche qui suit la fête de Sainte Anne.

III Saint Michel. La chapélle de Saint Michel qui montre encore au loin son campanile blanc au milieu des ruines grisâtres du hameau de Vière, fut pendant longtemps l'église paroissiale du lieu.

On n'a pas oublié que le pays proprement dit, le *castrum* était au hameau de Vière, *Ville;* et que Mandanois, était une *Villa* c'est-à-dire une agglomération de maisons dans la plaine, en dehors des fortifications. Il y avait là, l'église de Notre-Dame, desservie par les moines du couvent. Mais le castrum de Vière avait son église paroissiale qui conserva même ce titre jusqu'au milieu du XVIIme siècle.

L'instrument le plus ancien que nous connaissons mentionnant cette église, est un état des cens payés à des ecclésiastiques ou à des communautés religieuses par certains habitants de la paroisse Saint-Michel de l'Escale. Cette pièce est datée de 1469: on y lit que : Marguerite femme d'Antoine Mercurol paye 20 sous coronats à la fête de Pâques pour un logis contigu aux aires appartenant autrefois, à Guillaume Verdelhan; Michelle, pour un logis situé dans la traverse devant l'église du bienheureux Michel autrefois à Pierre Masson, paye 12 sous coronats à Pâques ; Rostagne Ortolan, pour un logis contigu aux aires 3o sous coronats à la fête de Saint-Michel ; Michel Gorme, brassier, pour un logis dans la paroisse de Saint-Michel, paye 10 Gros à chaque fête de Saint Thomas (1).

Dès l'année 1640, le vicaire qui résidait à Mandanois, négligea d'aller dire la messe à Saint-Michel

---

(I) Arch. des B-d-R- B. reg. 1202. fⁿ 149. In parochia Sancti Michaelis de Scala, Margarita uxor Antonii Mercurol etc... 1409.

de Vière ; trouvant sans doute que la distance à franchir était trop considérable. Le seigneur Charles de Matheron qui habitait avec ses gens le château de Vière voulut l'y contraindre, prétendant que Vière était une paroisse et que Saint-Michel en était l'église paroissiale. L'évêque de Gap, étant en cours de visite à l'Escale, le 10 Mai 1641, fit visiter cette église par Messire Réné Arnaud, et, sur le rapport qui lui fut fait ordonna « que noble Charles de Matheron, « sieur de l'Escale et de Taillas, ferait apparoir dans « la quinzaine par actes ou témoings du fait par « lui advancé que ce soit une église parrochiale et « que le service divin doive y estre faict pour despuys « le tout comparoir au prieur et consuls dudict « lieu et estre proveu ainsi que de raison » L'évêque décida néanmoins que le secondaire irait célébrer la Sainte messe les dimanches et fêtes de Carême et de Pâques dans l'église ou chapelle Saint-Michel toutefois, sans attribution d'aucun nouveau droit aux parties.

Le sieur de l'Escale, ayant eu connaissance de cette décision, se présenta quelques instants après devant l'évêque pour en appeler de cette sentence au nom du prieur. L'évêque lui ayant représenté qu'il était impossible que le prieur l'eut chargé d'en appeler en son nom puisqu'il habitait Marseille et que la sentence se publiait à peine, le seigneur répondit « que le prieur lui en avait donné la « permission par advance verbalement il y a environ « un mois quand il estait en ceste ville. » Mais le surlendemain, 12 mai, l'évêque étant à Malijai, Charles de Matheron se présenta pour lui déclarer qu'il renonçait à l'appel (1).

(1) Arch. des Hautes-Alpes. G. 813. in-4° f° 79 et seq.

Néanmoins, les habitants de Vière, encouragés par le seigneur adressèrent une requête à l'évêque, qui, par décret du 3 novembre 1641, enjoignit au sieur vicaire d'aller célébrer *journellement* la messe à Saint-Michel, et les dimanches et fêtes « une haute « messe disant que l'église dudict Saint-Michel est église parrochiale » (2).

En 1687, le 14 avril, l'évêque étant en tournée de visite à l'Escale, délégua Jean-Louis Gafarel prieur de Volone, un de ses *archiprêtres* pour visiter « une chapelle qu'on nous a dit être au hameau « de ville et avoir été autrefois église parroissiale ». On la trouve en bon état, voutée, blanchie, pavée, avec un tableau en détrempe en dessus de l'autel qui était trop petit. L'évêque ordonne des réparations à la porte et divers achats aux dépens des consuls, de la communauté et des paroissiens. « Permettons « néanmoins que les deniers provenant des quêtes « qui se feront à l'église paroissiale sous le nom de « Saint-Michel, le tiers en soit employé à l'achat « et réparations des choses ci-dessus énoncées, les « deux autres tiers devant être employés aux lumi- « naires qui se consume tant sur le grand autel « qu'aux messes qui se disent dans lad. chapelle « de Saint-Michel » (1).

L'église de Saint-Michel, réduite aujourd'hui à des proportions extrêmement exiguës, puisqu'elle pourrait à peine contenir quarante personnes, devait avoir autrefois des dimensions plus étendues. Il est

(2) Arch. municip. délib. de nov. 1641.
(1) Arch. Hautes-Alpes. G. 815. f° 43 et seq. Il n'est plus question de Saint-Michel dans les sentences de visite de 1713. 1661. 1772.

probable que le vaisseau, plus élevé, se prolongeait vers le midi dans le sens de la longueur, et que ce qui subsiste aujourd'hui n'était que le sanctuaire de l'ancienne église paroissiale. Le cimetière est tout à côté.

Jusqu'en ces derniers temps, on allait y célébrer la messe une ou deux fois par an ; mais le village étant aujourd'hui abandonné, cette petite chapelle avec son campanile dépouillé n'est plus là que comme souvenir.

IV. Chapelle de l'immaculée conception. Depuis 1869-1870, il existe au hameau des Cléments une petite mais bien grâcieuse chapelle, dédiée à l'immaculée conception. Elle a été bâtie sous l'administration et par les soins de feu Monsieur l'abbé Baile, au moyen d'une souscription publique, sur un terrain généreusement concédé par feu Monsieur Amayenc, et livrée au culte le 10 avril 1870.

Monsieur l'abbé Sauvaire, curé actuel de la paroisse, a fait artistiquement décorer le sanctuaire par le peintre Lamberty, 1885.

Par sa proximité du presbytère, cette chapelle est d'un grand secours au curé qui y célèbre la sainte messe pendant la semaine, lorsque les intempéries de la saison rendent plus pénible le parcours assez long du presbytère à l'église paroissiale.

V. Chapelle de sainte consorce. De tous les monuments religieux de l'Escale, celui auquel se rattachent le plus de souvenirs historiques est assurément la petite chapelle de Sainte Consorce, située au hameau de l'hôte, à quelques pas de l'église paroissiale actuelle. Nous n'affirmerons pas que cette chapelle aux proportions exiguës et d'une

apparence modeste est la même église que Pierre
de Volone donna à l'abbaye de Saint-Victor en 1064;
mais nous croyons que si c'est une reconstruction,
elle a été faite sur l'emplacement de la chapelle pri-
mitive, lequel emplacement avait dû être choisi par
les contemporains de la Sainte à qui la chapelle a
été dédiée. Qui sait même si cet emplacement ancien
n'est pas celui sur lequel Sainte Corsorce avait
édifié un sanctuaire en l'honneur de Saint-Etienne?

Sous l'autel actuel, de construction récente, se
trouve un cube de pierre dure de 0m.80 de hauteur
qui nous parait avoir été l'autel primitif. Sur la façade
et un peu au dessus du cintre de l'unique porte, on
peut voir, encastrée dans le mur, une pierre de 0m.40
sur 0m.20, sur laquelle se dessinent, grossièrement
sculptées, deux colombes buvant dans un calice.

Nous avons dit plus haut qu'on prêchait chaque
année dans cette chapelle, ce qu'on appelait « le pardon de Sainte-Consorce ».

 On voit suspendus aux murs de la modeste chapelle
quelques ex-voto et de nombreux bonnets de lingerie,
attestant la confiance de la population à l'intervention
de la sainte patronne. Il ne nous appartient pas de
porter un jugement sur la réalité des guérisons obtenues dans cette chapelle. Notre rôle doit se borner
à faire connaître, sur ce point, le jugement de l'autorité ecclésiastique, seule compétente pour apprécier
de tels faits.

Voici ce que nous lisons dans une sentence de
visite de l'évêque de Gap, datée du 29 septembre 1761.
« Nous sommes allés ensuite dans la chapelle des
« pénitents qui est au milieu du cimetière et où la
« tradition porte qu'est le corps de Sainte-Consorce,

« ce qui engageait à fouiller dans la terre pour le
« chercher, et il est resté une grande ouver-
« ture au mur latéral près du pavé de la chapelle,
« et ou, par une superstition qui a prévalu, plusieurs
« personnes passent la tête..... Ordonnons que l'ou-
« verture qui est au mur latéral de la chapelle des pé-
« nitents sera bouchée en maçonnerie et ensuite crépie
« et blanchie dans le délai d'un mois a peine d'inter-
« diction de la chapelle et même de la confrérie (1) ».

L'ouverture ne fut pas fermée. Onze ans plus tard,
en 1772, l'évêque de Gap étant de nouveau en visite
à l'Escale, en fit la constatation et rendit l'ordonnance
qu'on va lire : « Nous sommes allés à la chapelle des
« pénitents qui se trouve à côté du cimetière, mal
« entretenue, dans laquelle nous avons trouvé une
« ouverture dans le mur, a côté gauche qu'on nous
« a dit être une occasion de superstition y ayant une
« tradition populaire que c'est le tombeau de Sainte-
« Consorce, dans laquelle ouverture les femmes et
« les enfants vont mettre la tête lorsqu'ils sont attaqués
« de maladie, ce qui nous a paru indécent et indigne
« du respect et du culte qu'on doit aux Saints..... A
« l'égard de la chapelle des pénitents nous ordonnons
« qu'elle sera récrépie et blanchie, l'ouverture qui se
« trouve au mur du côté gauche sera fermée et
« exhortons les fidèles a apprendre à honorer les saints
« de la manière qu'il convient, a les invoquer par
« leurs prières et leurs vertus, mais non par des
« œuvres superstitieuses telles qu'on pratique à l'oc-
« casion de cette ouverture. » (1)

(1) Arch. des H. Alpes. Sentences de visite des év. de Gap.
Visite du 29 sept. 1761 l'évêque ordonne la fermeture du cimetière par une palissade,

(1) Arch. des H. Alpes. Sent. de vis. des év, de Gap. Vis. du
20 oct. 1772.

Les injonctions réitérées de l'autorité ecclésiastique ne parvinrent pas à déraciner cette pratique ;
et, l'ouverture qui existe encore aujourd'hui, les
nombreux ex-voto qui ornent les murailles du modeste oratoire, attestent la vivacité du culte populaire et de la confiance que l'Escale eut toujours
pour sa patronne.

N'omettons pas de dire que cette modeste chapelle a servi d'église paroissiale pendant assez
longtemps. Les Calvinistes qui incendièrent et dé-
molirent l'église de N. D. de Mandanois en 1568,
ne touchèrent pas, on ne sait pourquoi, à la chapelle de Ste-Consorce, qui en est tout-à-fait rap-
prochée. Ce fut donc là que se firent les exercices
religieux tant que l'église de N. D. n'eut pas été
relevée de ses ruines, c'est-à-dire jusque vers le milieu du XVIIe siècle. Cette circonstance nous explique la présence des fonts baptismaux dans cette
chapelle, et cette mention que nous lisons dans
une sentence de visite du 14 Avril 1687 « Il y a
« une chapelle sous le titre de Sainte Consors
« qu'on nous a dit avoir été l'église paroissiale. » (1)

VI. Notre dame de Mandanois.

Dès l'année 1064, une église existait en l'honneur de Notre Dame au quartier qu'on appelait
Mandanois. Cédée par Pierre de Volone aux moines de St-Victor, (16 mars 1064) elle fut desservie par eux, devint église conventuelle, donna son

---

(1) Plusieurs personnes notables de l'endroit se firent
ensevelir dans cette chapelle qui se trouvait autrefois au
milieu du cimetière. Citons entr'autres ; Lucréce Aprilis en
1677, Honorade Feraud en 1678, Catherine Aulagnier en 1681,
Anne de Matheron en 1682, Pierre Clément en 1685, Jeanne
Baille en 1685. etc. etc.

nom au prieuré qui fut appelé prieuré de N. D.
de Mandanois, et fut plus tard église paroissiale.
Incendiée et démolie par les Calvinistes en 1568,
elle mit longtemps à se relever de ses ruines.

Les sentences de visite des évêques de Gap, nous
la montrent dans un état de délabrement complet.
Charles Salomon du Serre, se trouvant à l'Escale
le 13 juin 1602, visite l'église paroissiale sous le
titre de N. D. de Mandanois : « l'a trouvée pres-
« que toutte rompue et démollie, sans portes,
« couvert, authel ne aultre choze que vaille, fors
« la voulte du presbytère (sanctuaire)..... n'y a
« point de fonts baptismaulx, clocher ne aulcune
« cloche en estat fors une de trois ou quatre
« quintaux qu'est rompue ». (1)

En 1612, 3 Août, l'évêque en cours de visite
ordonne que l'église de N. D. « sera parachevée
de bastir et deuement ainsin qu'il faut » et dési-
gne parmi le mobilier qu'on y devra placer « un
« autel avec un tabernacle de bois honorablement
« despeint ferment à clef dans lequel y aura une
« custode d'argent ou sera le corps sacré de J. C.
« avec lampe ardante etc. ».(2)

Il parait que les réparations se faisaient bien
lentement puisque dans sa visite du 10 mai 1641
« l'évêque étant allé au devant du grand autel

---

(1) «...Le cimetiere est tout ouvert n'y ayant point de
« croix.....ont treuve un seul callice de staing (d'étain) avec
« sa patenne..... auront livres et registres de tous les enfants
« et filles qu'ils baptiseront audict lieu et tous ceux qui se
« marieront et ceux qui mouront... le tout sur peyne d'ex-
« communication et d'une bonne amande ». Arch. des Htes-
Alpes. Sent. de vis. 13 Juin 1602.

(2) Arch. des Htes-Alpes. Sent. de vis. 1612. 3 Août.

« croyant que le St-Sacrement y reposait a trouvé
« ni tabernacle ni lampe - ardente..... (1) église
« pas pavée ni voultée sinon du costé du presby-.
« taire... a l'autel tableau de N. D. en son Assom-
« ption, à droite un St-Michel et à gauche Ste-
« Consortia le tout relevé par un cadre de bois
noir ». (2).

En 1648, on acheva le *bardement* de l'église, et
en 1687, 14 avril, l'évêque la trouva « couverte de
« thuiles, boisée par le haut, bien pavée, presbytè-
« re vouté, avec une chaire à precher et deux clo-
« ches assez raisonnables au clocher ». (3)

Quelques mots maintenant sur la disposition intérieure de cette église après sa reconstruction. Du
coté de l'évangile, il y avait une chapelle de N. D.
du Rosaire, entretenue par les conlrères (4) ; un
autel de St-Pierre construit par un particulier du
lieu ; plus bas un autel de St-Antoine orné seulement d'un tableau. Du côté de l'épitre, on voyait
seulement un autel de St-Jean-Baptiste. Plus rd
(1742) on fit construire deux chapelles, l'une pour
les âmes du purgatoire, l'autre pour St-Joseph agonisant, « pour raison de quoi, messire Arnaud avait

(1) C'est dans cette chapelle que furent enterrés, en 1707,
Pierre Barlet; en 1700, Barthélemy Barlet; en 1717, messire Jean
Barlet, prêtre, agé de 35 ans.

(2) Les paroissiens dirent à l'évêque que, bien que le prieur
eut été conlamné par lui à faire des réparations et un autel (sent. de 1612) il ne s'était pas encore exécuté. Et cependant, le prieur Alexandre de Guin retirait de son bénéfice
plus de 1200 livres de revenu !

(3) L'évêque était descendu, non chez le vicaire perpétuel
mais au logis où pendait pour enseigne « La Croix blanche.
C'est là qu'il rendit sa sentence.

(4) Arc. des Hes-Alpes. G-315 Sent épiscop.

« fait un legs de 180 livres ». Coût des deux chapelles, 666 livres.

Lors de la visite épiscopale de 1713, l'évêque trouva toutes choses en si bon état, tant à l'égard du spirituel que du temporel qu'il crut ne devoir rien statuer pour cette fois. Mais en 1772, au cours d'une autre visite, il constate que le pavé est dégradé en plusieurs endroits, que la voute du sanctuaire est décrépie, que l'église n'est ni voutée, ni plafonnée et que l'autel du purgatoire est mal placé. Cette église qui menaçait ruine fut démolie ; on ne garda que le sanctuaire ; et l'église actuelle, construite par les habitants aidés d'un secours du Gouvernement, fut livrée au culte le 24 décembre 1854, sous l'administration de M. Joseph Plauchud, curé de la paroisse et de M. Gallissian, maire du pays. Elle est à plein cintre, à une seule nef avec quatre arceaux servant de chapelles dédiées à la Sainte-Vierge, au Sacré-Cœur, à St-Joseph, aux âmes du purgatoire ; élégante d'ailleurs dans sa structure et régulière dans ses proportions sauf le sanctuaire, reste de l'ancienne église, qui paraît un peu déprimé, eu égard à la hauteur du vaisseau. (1)

Le fond du sanctuaire est orné d'un rétable aux proportions grandioses, en bois de noyer, soigneusement sculpté et qui parait avoir été transporté d'une autre église, car il ne s'harmonise pas du tout avec le style de l'édifice, ni avec l'autel qui lui a servi de support jusqu'à ce jour, et s'élève jusqu'à la voute du sanctuaire qu'il parait soutenir. Il est bien regrettable

(1) Nous n'y avons jamais vu « les gracieuses niches aux pilastres et *archivoltes bien ouvragées* qui, d'après M. Feraud, garnissent le pourtour du sanctuaire. » Vid. Hist. et géog. des B.-Alpes, par Feraud. 1890. p. 446.

qu'on ait eu le mauvais goût de recouvrir ce magnifique bois de noyer d'une grossière couche de peinture, et qu'on lui ait enlevé ainsi son aspect primitif. Le tableau encadré par ce rétable représente l'Ascension et a, dit-on, une certaine valeur artistique.

Le zèle intelligent de M. l'abbé Sauvaire, curé actuel de la paroisse, a fait bénéficier cette église de notables embellissements. Par ses soins, le sanctuaire et le fronton ont été élégamment décorés, les quatre fenêtres ont été garnies de fort jolis vitraux, et un superbe autel en marbre blanc vient de remplacer avantageusement cet amas informe de maçonnerie et de planches disjointes et bariolées qui servait d'autel principal.

Le clocher à flèche, adossé au mur méridional de l'église, contient deux cloches, dont la principale a été placée en 1862. Il a été endommagé par la foudre dans le courant de l'été 1891.

APPENDICE

Prieurs du monastère
et de l'église de Nôtre-Dame de Maudanois.

| Albert | — (1171) *prieur du monastère*, figure comme tel dans la piéce 1109 du cartulaire de St-Victor... in presentia... Arberti, prioris. |
| Raymond | — (1180) *prieur du monastère*, figure dans une lettre de confirmation du pape Lucius III..., *ad Raimundum* |

priorem et fratres de Mandanois, du 4 avril 1184 (cartulaire n° 871); eut de longs démêlés avec Bertrand Raimbaud, notamment en 1189-1190. (cart. n° 978)

Raymond de Jarjayes — (1340), possédait le prieuré de Mandanois en 1340 et 1343; reçoit une donation d'Aman Eydoux au quartier du clot, donation qui, après lui, doit passer à la chapellenie de Sainte Madeleine. Arch. des B.-du-Rh. H. 281. Fonds inédits.

Pierre de Verdane — (1362); reçoit la chapellenie de Sainte Madeleine des mains de Baudon Flotte, coseigneur, qui s'en réserve le jus-patronat pour lui et les siens.

Artaud Flotte — (1391) prieur (probable).

Raymond d'Ancelle — (1432) prieur de Mandanois, reçoit hommage des habitants. (Arch. des B.-du-R. H. 454.)

Tourniaire Guillaume — (1603) prieur de Mandanois, était infirmier du monastère de St-Victor; arrenta le prieuré de l'Escale le 10 février 1603 à Honoré Feraud notaire, pour 510 livres, un quintal de chandelles, un quintal de chanvre, vingt livres de cire. Le fermier devait donner en outre cent écus de congrue et deux charges de blé aux pauvres.

de Guin Jacques — (1613 - 1627) *originaire d'Aubagne*, permuta le prieuré de Celle (dioc. d'Aix) avec Guillaume Tourniaire; arrenta le prieuré de l'Escale à son frère Lazarin de Guin.

de Guin Alexandre — *profès de Saint-Victor, originaire d'Aubagne*, fut pourvu du prieuré de l'Escale par le vice-légat d'Avignon, reçut le *formâ dignum* des mains de Pierre Paparin de Chaumont, seigneur de Saint Didier, vicaire et official général à la Beaume-les-Sisteron pour l'évêque de Gap. (La Baume, 2 juin 1627). arrenta le prieuré pour 1200 livres rendues à Aubagne; le fermier avait à payer en outre 300 livres de congrue, les décimes, le prédicateur, deux charges de mitadier; tente de « desvertir la prédi- « cation de toute la caresme « et demande qu'on se con- « tente des festes et diman- « ches » : n'est pas écouté par

de Laidet Joseph
SIEUR DE BEAULIEU

les consuls qui s'en tiennent, sur ce point, à l'ordonnance de l'évêque de Gap.

— *dit l'abbé de Montfort*, fils de Louis de Laidet et de Jeanne de Sigoyer, fut prieur commendataire de N.-D. de Mandanois, pourvu par le pape ; n'était pas prêtre mais portait l'habit religieux et demeurait à Sisteron. Arrenta le prieuré en 1668 pour 1000 livres plus la congrue, les décimes etc. eut procès avec la communauté au sujet de la dime des aulx, oignons, haricots ; refusa de payer sa part contributive à la fonte de la cloche qui fut fondue en 1710 par Senneval de Forcalquier ; (cette part représentait le tiers de la dépense). On lui demande la 24ᵐᵉ de tous les revenus du prieuré, le droit d'arrosage de ses terres et la taille des bâtiments et fonds roturiers acquis par lui au forest des Peyraches. Le prieuré dont il jouit pendant plus de 45 ans lui procurait un revenu de 2400 livres

de Laidet François — *dit l'abbé de Sigoyer,* (1)

(1) Ne pas le confondre avec Louis de Laidet du Bignosc, chanoine de Sisteron qui testa le 4 janvier 1757.

résidait à Sisteron, était seu-
lement-clerc tonsuré quand
il fut nommé prieur; le 21
mai 1714, présente une requête à l'évêque de Gap afin
d'être maintenu en possession du prieuré non conventuel de Mandanois; fut
maintenu. En 1736 la com-
munauté envoie lui deman-
der pour elle l'arrentement
de la dime, etc.

Bernard Antoine   prieur, *dépendant* de Saint-
Victor de Marseille.

LISTE

Des vicaires perpétuels, secondaires et curés.

Meynier Elzias   (1620-1628) était retenu
aux arrêts de Sisteron, fut
relaxé à la requête des
consuls.

     Sous lui figure:

Aprilis Jean,   secondaire (1)
Aprilis Jean   1629-1694) originaire de

(1) La collation de la Secondairerie se faisait par l'imposition
solennelle de la barrette... te dictum Johannem Aprilis presen-
tem et humiliter expostulantem in secundarium perpetuum dic-
tœ ecclesiœ de Scala instituimus et in dicta secundaria per te
ad vitam obtinenda providimus per bireti nostri capiti tuo impo-
sitionem ut possis libere et sine contradictione omnia quæ... etc.
Arch. des Hautes-Alpes.

l'Escale, fut présenté par
Barthélémy Martini curé de
Sisteron, au nom d'Alexandre de Guin, prieur, pour
la cure de l'Escale, après la
mort d'Elzias Meinier. La
collation lui en fut faite par
Pierre Paparin de Chau-
mont, seigneur de St-Di-
dier, prieur de la Baume-
des-Arnauds, professeur de
Théologie, vicaire et official
général à la Baume-les-Sis-
teron le 30 mai 1629. Résigne entre les mains du pape
in favorem de Grimaud
Jean (1694) qui résigne à
son tour et renonce à ses
droits au bénéfice; meurt à
l'Escale le 14 nov. 1697.

Sous lui figurent:

Feraud Jacques	secondaire	1643-1645.
Aillaud Jean	id	1645-1673.
Rochebrun	id	1673-1674.
Richaud	id	1674-1675.
Prouvent-Honoré	id.	1675-1678.
Richaud Philippe	id.	1678-1682.
Corbon	id.	1682-1684.
Bermon Laurens	pro-curé	1684-1689.
Escoffier Pierre	pro-vicaire	1689-1691.

alla à Volone.

Amenc (de Mirabeau)	pro-vicaire	1691-1694.
Arnaud Jacques	(1694-1719)	curé du Poët,

fut pourvu à Rome de la cure de l'Escale le 16 oct. 1694 meurt en 1719.

Sous lui figurent :

Fabry	secondaire	1695-1698.
Maurel	id.	1698-1700.
Gondran Claude	id.	1700-1703.
Bonnet	id.	1703-1706.
Illy Denoise, recollet.	id.	1706-1707.
Arnaud	id.	1707-1711.
Heyriès	id.	1711-1712.
Crudy Michel	id.	1712-1720.

Crudy Michel (1720-1733) précédemment secondaire, devient vicaire perpétuel à la mort de Jacques Arnaud.

Sous lui figurent :

Hubert	secondaire	1720-1723.
Peissier	id.	1723-1730.
Arnaud	id.	1730-1740

Deyglun Joseph (1733-1762) vicaire perpétuel A partir du 1754, il signe vicaire archiprêtre.

Sous lui figurent :

Arnaud	secondaire	1730-1740.
Serre	id.	1740-1741.
Salva	id.	1741-1744.
Arnaud	curé de Beauvezer, secondaire de l'Escale commis par *biscantat*	1744-1746.
Bernard	secondaire	1746-1754.
Le Gay Jh.	id.	1754-1762.

Avril Jean (1762-1784 17 mars) vicaire perpétuel

Sous lui figurent :

Laidet et Arnaud	Chapelain second.	1762-1765.
Barban	secondaire	1765-1766.
Rambaud et Gueydan	id.	1766-1768.
Roubaud	id.	1768-1779.
Garnier	id.	1779-1784.

Gra (1784-1785) vient d'Abros, signe « curé » sous protestation de la qualité de vicaire à lui donnée quoique l'acte n'en eût pas été écrit, le registre étant au pouvoir de M. Garnier, qui ne voulut pas le remettre, de ce dûment requis.

Rougon	pro-curé	1784-1785.

Garnier (1786-mars-1792) précédemment secondaire, devient curé.

Sous lui figurent :

Truphème	secondaire	1785-1788.
Hellion	id.	1788-1789.

Plésent (1792. An V.) Plésent dit l'*aîné*, pour le distinguer de son frère Jean-Baptiste Plésent curé de Château-Arnoux, qu'on appelait « le cadet », prêtre constitutionnel, administra les Sacrements jusqu'en l'an V. Il remplit ensuite, à partir de l'an VI, les fonctions d'instituteur dans la commune.

Garnier (An V. 1803)

Laidet Joseph	(1803-1807) curé de l'Escale.
Corriol Jh.-Fçois	(1807-1833). Erection du via crucis en 1826. Corriol meurt à l'Escale en 1833, à l'âge de 86 ans, En 1809, le conseil municipal lui vote une indemnité de 25 fr. pour son jardin.
Vernet	(1833-1842)· Elan religieux imprimé à la paroisse par le zèle du curé ; obtient par prières publiques la cessation d'un fléau qui ravageait la paroisse.
Imbert	(1842-1851)
Plauchud Joseph	(1851-1869) Reconstruction de l'église paroissiale au moyen d'un secours du gouvernement et d'une souscription volontaire (1854). Achat de la grande cloche (1862). Inauguration du nouveau cimetière (1865).
Baile J.-Baptiste	(1869-1885) originaire d'Oraison. Construction de la Chapelle de l'Immaculée Conception au hameau des Cléments. (1865-1870) Don d'un magnifique chemin de croix. Fonts baptismaux.
Sauvaire Théophile-Jean-Baptiste	(Septembre 1885...) originaire du Touyet. Décoration de la Chapelle des Cléments et du Sanctuaire de l'église paroissiale. Achat de quatre vitraux.

Acquisition d'un bénitier en marbre et d'un magnifique maître-autel en marbre blanc.

LISTE

des syndics, consuls, maires et adjoints.

~~~~~~~

1545 Feraud Antoine, dit Bertrand. — Arnaud Antoine, syndics.

1602 Richaud Martin.

1615 Feraud Gaspard.

1635 Clément Martin. — Feraud Pons. — Barlet Jean.

1637 Julien André. — Barlet Phélip. — Bouffard Henry.

1640 Bellon Jean. — Clément Jean. — Perrache Pierre.

1641 Aulagnier Antoine. — Bonnet Louis. — Feraud Antoine.

1642 Julien André. — Barlet Phélip. — Meynier Melchior.

1643 Fabre Claude. — Clément Pierre. — Rolland François.

1644 Barlet Jean. — Perrache Pierre. — Feraud Jean,

1645 Clément Maximin. — Arnaud Jacques. — Paul Laurent.

1646 Bonnet Louis. — Feraud Antoine. — Clément Antoine.

1647 Julien André. — Sauvat Melchior. — Baille Pierre.

1648 Barlet Phélip. — Clément Léon. — Arnaud Melchior.

1649 Clément Pierre. — Feraud Jean. — Paul Laurent.

1650 Bonnet Louis. — Peyrache Pierre. — Fabre Honoré.

1651 Julien André. — Rolland François. — Aulagnier Martin.

1652 Barlet Philippe. — Feraud Antoine. — Baille Pierre.

1653 Clément Pierre. — Meynier Pierre. — Arnaud François.

1654 Clément Léon. — Clément André. — Arnaud Melchior.

1655 Barlet Jean. — Rolland François. — Clément Joseph.

1656 Julien André. — Peyrache Pierre. — Paul Laurent.

1657 Amalric André. — Baille Pierre. — Arnaud Jean

1658 Arnaud Jacques. — Peyrache Antoine. — Dambruc Louis.

1659 Clément Joseph. — Aulagnier Martin. — Avril Jean.

1660 Feraud Antoine. — Peyrache Pierre. — Clément André.

1661 Barlet Jean. — Arnaud Melchior. — Roubaud François.

1652 Clément Pierre. — Clément Antoine. — Arnaud Marc Antoine.

1663 Barlet Philippe. — Bouffart Henri. — Meynier Jacques.

1664 Clément Joseph. — Baille Pierre. — Avril Jean

1665 Arnaud Jean. — Pazier Antoine. — Roubaud François.

1666 Arnaud Melchior. — Aulagnier Martin. — Fabre Léon.

1667 Clément Pierre. — Arnaud Marc Antoine. — Barlet Léon.

1668 Baille Pierre. — Barras Antoine. — Barras Philippe.

1672 Julien André.

1674 Meynier Antoine. — Barras Antoine. — Bellon Charles.

1676 Arnaud Jean. — Peyrache Jean. — Aulagnier Pierre.

1677. Aulagnier Jean. — Rolland Antoine. — Bellon André.

1679. Baille Pierre. – Aulagnier Antoine. — Bellon Louis.

1683 Barlet Pierre. — Aulagnier Antoine. — André Maximin.

1684 Clément Mathieu. — Clément Sébastien. — Aulagnier Pierre.

1685 Aulagnier Jean. — Feraud Pierre. — Pazier Léon.

1687 Arnaud Melchior. — Bouffart Simon.

1688 Peyrache Antoine. — Arnaud Pierre. — Aulagnier Pierre.

1689 Feraud Pierre — Peyrache Jean — Aillaud Pierre.

1690 Aulagnier Antoine — Aulagnier Charles — Fabre Louis.

1691 Arnaud Melchior — Feraud Antoine — Baille Claude.

1692 Clément Pierre (1) — Paul Claude — Roubaud Joseph.

1693 Arnaud Jean — Peyrache Jean — Aillaud Pierre.

(1) dit Darbon.

1694 Clément Piérre, dit Darbon, exerçant depuis
    1692.

Edit du mois d'août, créant l'office de maire

1701 Aulagnier Jean — Baille Claude.
1710 Meynier Martin — Roubaud Joseph.
1911 Clément Pierre — Daubrier Honoré.
1712 Arnaud Melchior.
1713 Arnaud — Fabre.
1714 Aulagnier — Arnaud.
1718 Clément Pierre.
1722 Clément Louis — Julién.
1723 Meynier Martin — Aillaud Mathieu.
1724 Feraud.
1727 Clément Pierre — Arnaud Claude.
1728 Meynier Martin — Julien André.
1729 Aulagnier — Fabre Sébastien.
1731 Baille Pierre — Andrieu Antoine.
1733 Clément Louis — Fabre Antoine.
1734 Barbe Louis — Fabre Antoine.

exercent jusqu'en juillet 1737.

1737 Teissier André — Mouranchon Jacques.
1738 Clément Pierre — Avril Jean.
1739 Baille Joseph — Clément Pierre.
1740 Meynier Antoine — Trabuc Melchior.
1741 Aulagnier François — Clément Mathieu.
1742 Feraud Joseph — Julien Jean.
    Julien Jean, seul consul en exercice depuis
    1742 jusqu'en 1752. Vu son âge il demande
    à être remplacé. On lui dit d'adresser un
    placet au roi; deux ans après sa demande,
    c'est-à-dire en 1754, le roi nomma :

1754 Arnaud Jacques (1) — Andrieu Antoine.

1758 Mégy Marc Antoine — Clément Jean Pierre.

1759 Baille Louis — Belletrux Pierre.

1760 Belletrux Antoine — Fauchier Jacques.

1761 Feraud André. — Avril Jean.

1762 Aillaud Melchior — Gallissian Louis;

1763 Baille Jean Antoine — Richaud Marcelin.

1764 Avril Benoit — Clément Mathieu.

1766 Clément Laurent — Clément Jean Pierre.

1772 Arnaud Joseph — Paul Antoine.

1773 Avril Antoine — Arnaud Joseph.

1774 Gallissian Jean — Clément Mathieu.

1779 Arnaud Jean Pierre — Paul Antoine.

1780 Arnaud Joseph — Fabre Léon.

1781 Peyrache Jean Paul — Aulagnier André.

1783 Boyer Pierre — Gallissian Jean.

An III Turrier Antoine, *maire.*

An IX Trabuc Jean Louis, *maire* — Arnaud Jean Claude, *adjoint.*

An X Boyer Pierre, *maire* — Arnaud Jean Claude *adjoint.*

1806 (19 juillet) Toppin Joseph Denis Gaspard, *maire* — Trabuc J. L., *adjoint.*

1813 Clément, *maire* — Arnaud Jean Claude, *adjoint.*

1830 Arnaud Louis Antoine, *maire* — Mégy *adjoint.*

1835 Arnaud Louis Antoine, *maire* — Arnaud Joseph Louis, *adjoint.*

1837 Arnaud Louis Antoine, *maire* — Arnaud Jean François, *adjoint.*

1839 Arnaud Louis Antoine, *maire* — Arnaud Jean Louis, *adjoint.*

(1) Dit Pupil.

1841 Arnaud Jean Louis, *maire* — Ricoux Placide Antoine, *adjoint*.

1848 Ricoux Placide Antoine, *maire*.

1849 Gallissian Louis Martin Benjamin, *maire* (1) — Meynier Martin, *adjoint*.

1867 Arnaud Jean François, (a) *maire* — Meynier Martin, *adjoint*.

1873 Arnaud Désiré, (3) *maire* — Meynier Martin, *adjoint*.

1880 (21 oct.) Trichaud Joseph, *maire* — Meynier Martin, *adjoint*.

1881 (23 janv.) Comte Jean Baptiste, *maire* — Belletrux Jules, *adjoint*

1881 (27 mars) Arnaud Désiré, *maire* (4) — Belletrux Jules, *adjoint*.

1886 (mai) Arnaud Désiré, *maire* (5) — Borrelly Pierre, *adjoint*.

1892 (7 janv.) Trichaud Joseph, *maire* — Borrelly Pierre, *adjoint*.

(1) Fit relier par un grand chemin le hameau de l'Hôte au hameau des Cléments 1852.

(2) Fit endiguer le torrent des Graves.

(3) Construction du groupe scolaire en 1874.

(4) En 1881, fit établir un chemin qui traverse la plaine et facilite l'exploitation des terres.

(5) En 1886, vente au service du reboisement d'une des collines d'où descend le torrent des Graves.

M.-J. MAUREL.

TABLE DES MATIÈRES

~~~~~~~~~

APPENDICE

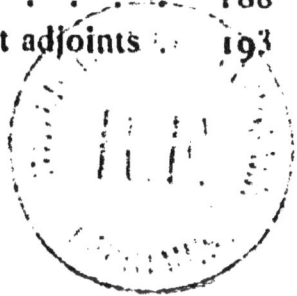

www.ingramcontent.com/pod-product-compliance
Lightning Source LLC
Chambersburg PA
CBHW070625100426
42744CB00006B/604